"세상이 몰라도 나는 알지,
당신이 얼마나 큰일을 했는지"

WORLD
BEST
WORKER

명함만 없던 여자들의 진짜 '일' 이야기

우리가 명함이 없지 일을 안 했나

경향신문
젠더기획팀 지음

CEO
HOMEMAKER
OWNER CHEF
FARMER
MINER
EDUCATOR
ACTIVIST
ETC

WAY TO WORK

"나쁜 일이 파도처럼 밀려왔지만 도망가지 않았다"

일하는 자부심으로 살아온 큰언니들 인터뷰집

INTERVIEW PRIDE OF WORKING ELDERLY WOMEN

prologue

그 흔한 목소리를 찾아서

우리가 만난 여성들은 명함이 없다고 했다. 일을 쉰 적은 없다. 그들의 노동을 사회에서 '일'로 인정하지 않았을 뿐이다.

전쟁부터 산업화, IMF 외환위기, 코로나19 팬데믹까지 대한민국 노인 세대의 삶은 급속한 변화를 겪었다. 이 굴곡진 현대사의 바탕엔 평생 일한 여성들이 있다. 이들은 학교에 들어가기 전부터 동생들을 돌보고, 집안일을 했다. 딸이라는 이유로 배움의 기회는 차단당했고, 살림 밑천이라 불리며 일찍 생계활동에 뛰어들었다.

운 좋게 고등 교육을 받고 원하던 직장에 취직해도 결혼과 동시에 당연히 전업주부가 됐다. 다시 취업하면 저임금과 열악한 노동 소건을 감수해야 했다. 돈을 잘 벌더라도 '남편 기죽이는 아내'가 되지 않기 위해 쉬쉬할 수밖에 없었다. 퇴근 후 집안일도 육아도, 양가의 건강과 살림도 여성들의 몫이었다. 할머니가 된 뒤엔 손주 돌봄 노동이 기다리고 있다.

우리는 평생 일한 여성들에게 명함을 찾아주고 싶었다. 언제나 N잡러였지만 '집사람'이라 불린 여성들, 이름보다 누구의 아내나 엄마로 불려온 여성들, 고단한 삶 속에서도 일의 기쁨을 느끼며 '진짜 가장은 나'라는 자부심으로 살아온 여성들, 남존여비의 시대에 태어나 페미니즘 시대를 지켜보고 있는 여성들.

여성들이 해온 다양한 일들은 '경제활동'으로 인정받지 못했다. 가사 일이 법적 노동으로 인정받은 것은 2021년 5월이다. 1953년 근로기준법이 제정된 이후 무려 68년이나 지나서야 가사노동자는 노동자로서의 법적 지위를 인정받게 됐다. 코로나19 팬데믹 속에서도 제자리를 지키며 이 사회를 지탱해온 '필수노동'의 대부분이 돌봄 · 보건의료 · 환경미화 등 여초산업(여성 노동자 수가 많은 산업)이라는 점은 의미심장하다. 사회에 꼭 필요한 일들을 여성들은 그동안 제값을 받지 못한 채 해왔다.

경향신문 젠더기획팀은 전국에서 많은 여성들을 만났다. 남대문시장 국숫집 '훈이네' 사장님 손정애 씨를 시작으로 "나 없으면 우리 집 안 돌아가지"라는 자부심으로 살아온 전업주부들, 도시보다 열악한 인프라와 가부장제의 짙은 그늘 속에서도 꿋꿋하게 삶을 일군 농부와 광부, 살림과 육아를 하는 틈틈이 공부하고 스펙을 쌓아 자신만의 길을 개척한 여성들, 탈혼(결혼 제도에서 벗어나는 것)을 통해 새로운 인생을 시작한 여성들, 엄마의 노동을 기억하고 기록하는 20~30대 여성들까지.

미처 다 메우지 못한 그들의 삶은 데이터로 온전히 그려보려 했다. 1963년 경제기획원 한국통계연감부터 2021년 통계청 마이크로데이터까지, 흔적들은 늘 곳곳에 있었지만 그들만을 위해 모이고 조명된 적은 드물었다.

여성들이 고생하며 삶을 일궈온 이야기는 너무 흔해서 중요하지 않은 이야기로 치부된다. 우리는 지금부터 그 흔하디 흔한 이야기를 들려주는 이들의 목소리에 귀기울여 보려고 한다.

잘 봐, 언니들 인생이다.

경향신문 젠더기획팀

Team leader&Writer in chief 장은교

Reviser 김윤숙

Editor 이아름

Photographer 이준헌

Writer 이하늬

Writer 조형국

Writer 심윤지

Writer 이수민

Video director 최유진

prologue 그 흔한 목소리를 찾아서 ... 4

way to work
첫 번째 출근길
잘 봐, 언니들 인생이다

나쁜 일이 파도처럼 밀려왔지만 도망가지 않았다 ... 12
insight 1954년 32만 명의 딸들이 태어났다 ... 42

way to work
두 번째 출근길
우리가 일을 안 했다고?

희자 씨를 담기에 집사람은 너무 작은 이름 ... 58
글 쓰는 사람, 인화정 ... 76
insight 어느 날 그들의 노동이 사라진다면 ... 96

way to work
세 번째 출근길
남존여비에서 페미니즘까지

딸들에게 전하는 순자 씨의 진심 ... 112
insight 달라진 것과 달라지지 않은 것 ... 136
insight 딸들은 엄마의 노동에서 여성의 노동을 읽어냈다 ... 147

way to work

네 번째 출근길

여기는 도시랑은 달라요

광월 씨가 10년째 부녀회장을 하는 이유 ... 158
나는 못 배웠응께 어른이 아니여 ... 172
나 태어나 이 광산에 광부가 되어 ... 190
insight 30년은 더딘 농촌의 시간 ... 208

way to work

다섯 번째 출근길

오늘도 출근하는 언니들

insight 언니들의 장래희망 ... 221
안나 씨의 노동은 사랑이 되었다 ... 224
태순 씨는 새로운 70대를 준비하고 있다 ... 232
나는 내가 명함이에요, 내 자신이 ... 240
랩과 월요일을 좋아하는 은숙 씨 ... 268

epilogue ... 288
by-line ... 292
참고문헌 ... 294

잘 봐, 언니들

인생이다

way to work

첫 번째 출근길

NAME SON JUNG AE **BIRTH 1950** **FASSIC**

SON JUNG AE

NAME SON JUNG AE **BIRTH 1950** **FASSIC**

"내가 벌어서 나한테 쓰는 거예요."

안녕하세요.

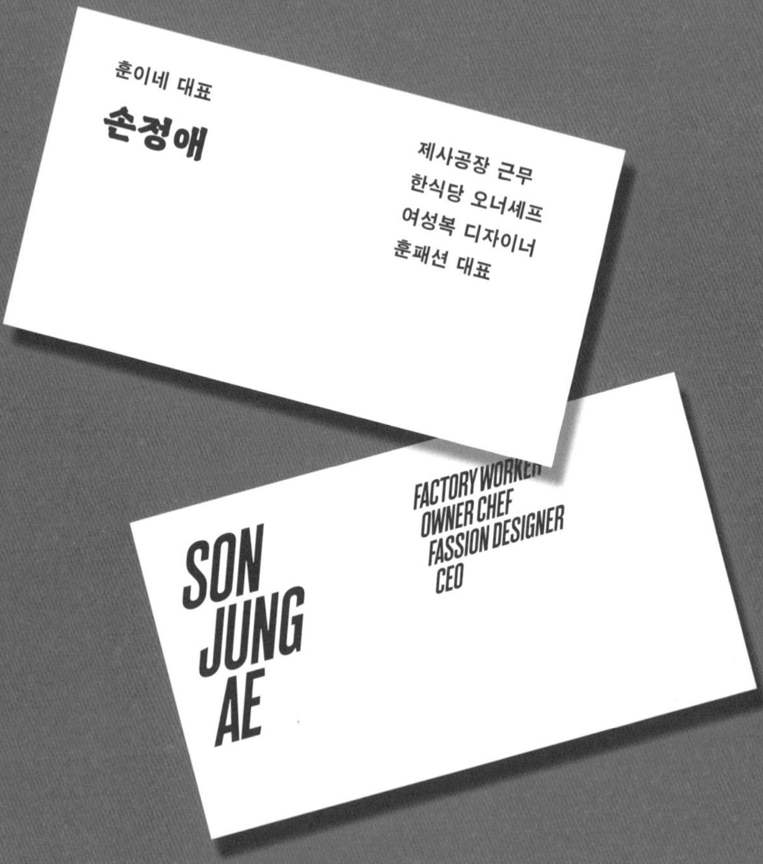

훈이네 대표
손정애입니다.

나쁜 일이 파도처럼 밀려왔지만 도망가지 않았다

손정애 씨(72)의 가게는 서울 남대문시장 칼국수 골목에 있다. 의자는 일렬로 네 개. 네 명이 동시에 앉으려면 어깨와 팔꿈치가 스칠 각오를 해야 할 만큼 아담한 규모다. 17개 국숫집이 모여 있는 이 골목에서 정애 씨는 '훈이네'라는 간판 아래 20년째 밥을 짓고 국수를 만든다. 칼국수를 주문하면 비빔냉면을, 찰밥을 주문하면 수제비를 같이 주는 이곳은 뭐든 '1+1'이다.

정애 씨는 인생의 많은 시간을 이곳에서 보냈지만, 국숫집만으로 그의 삶을 다 설명할 순 없다. 정애 씨는 1970년대 제사공장(양잠업+) 노동자였고, 1988년 서울 올림픽 땐 한식당 오너셰프(요리도 하는 경영자)였으며, 1990년대 남대문 패션시장 호황기 땐 여성복 디자이너이자 사장님이었다. 돈 버는 노동의 사이사이 돌봄과 가사노동도 쉰 적 없다.

+ 누에고치에서 뽑은 실로 비단을 만드는 산업. 대표적 수출산업으로 1960~1970년대 전성기를 누렸다

연년생인 딸과 아들을 키웠고, 시아버지를 간호했으며, 뇌경색과 치매를 앓고 있는 남편을 20년 넘게 돌보고 있다.

매일 새벽 4시에 출근하는 정애 씨는 "내가 벌어 사는 삶이 좋다"고 말한다. "나쁜 일이 파도처럼 밀려왔지만 도망가지 않았다"며 늠름한 삶에 대한 자부심도 있다.

정애 씨의 생애사는 한국전쟁부터 IMF 외환위기, 코로나19까지 이어진 굴곡진 현대사와도 닿아 있다. 다섯 번에 걸쳐 정애씨의 출퇴근길과 일하는 현장을 함께했다. 명함은 없지만 평생 일한 현역 노동자로서 그의 이야기를 들었다.

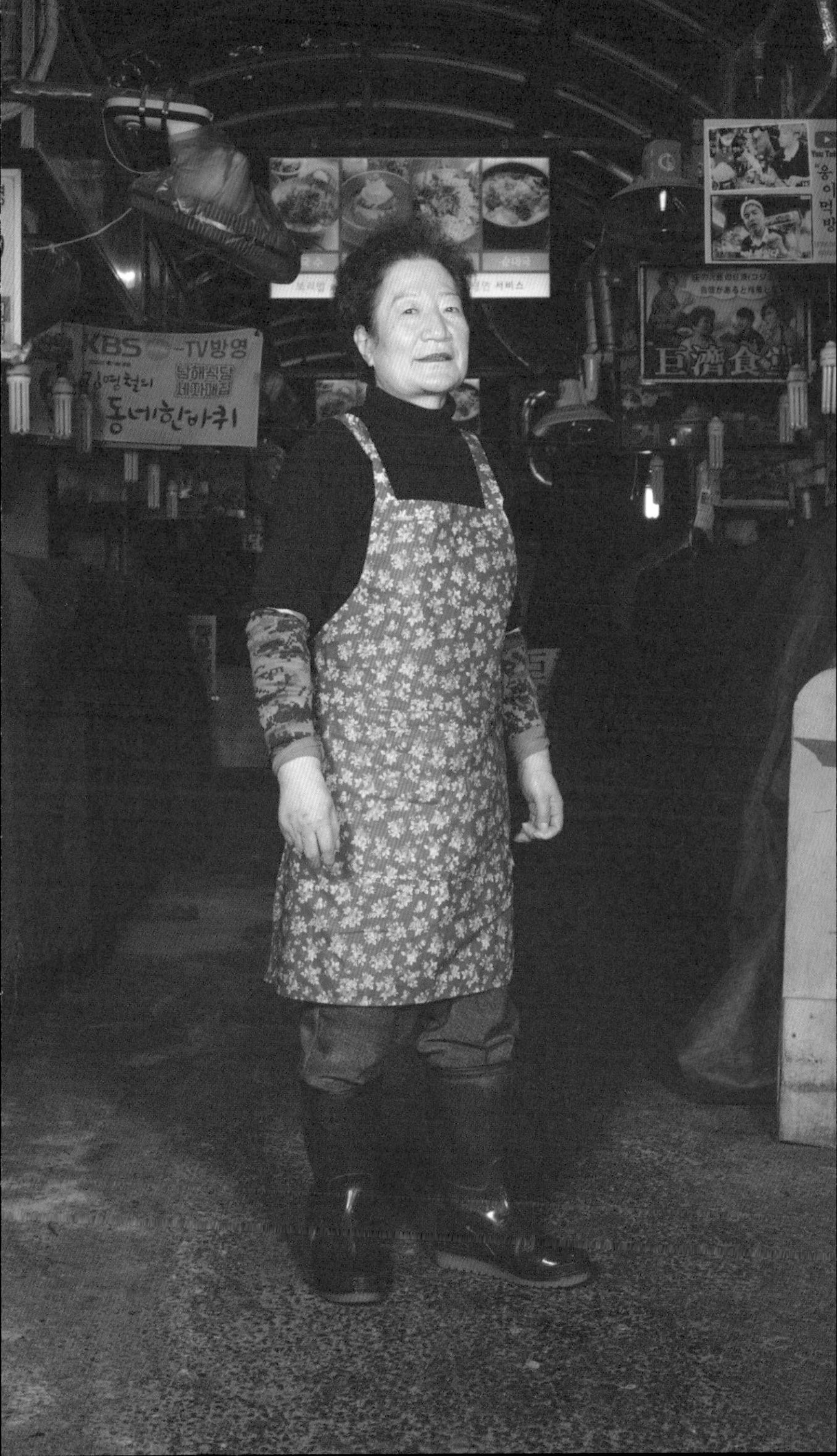
KBS -TV방영
동네한바퀴

오늘도 일찍 나오셨나요.

그럼요. (새벽) 2시 20분에서 40분쯤 일어나요. 집이 만리동인데 3시 반에서 4시 사이에 나와서 걸어오면 남대문시장까지 30분쯤 걸려요. 오다가 맨손체조도 두어 번 하면 건강에도 좋잖아요.

몇 시에 주무시는데요.

9시쯤 자요. 일주일에 한 번 김치 담그고, 우거지나 콩 삶고 그러면 11시 넘어서 자고요. 깨는 건 똑같아요. 일찍 나오면 좋아요. 혼자 생각도 정리하고요. 옛날엔 김치 가져오려면 무거웠는데 발통(바퀴) 달린 가방 사고부턴 괜찮아요. 코로나 전엔 밤 10시에서 11시까지도 일했는데 요즘은 손님이 적어서 욕심 안 부리고 6시 넘어가면 문 닫고 가요.

국숫집은 언제부터 하셨어요.

2003년부터요. 그전에는 건너편에서 옷 장사도 했고요.

일을 오래 하셨네요. 사장님 일하신 이야기를 여쭤보려고 해요.

나 같은 사람 얘기 들을 게 뭐 있나. 물어봐요(웃음).

고향은 어디세요.

(경남) 밀양이에요.

실례가 안 된다면 나이를 여쭤보고 싶어요.

1950년생인데 호적(현 가족관계등록부)엔 1954년생으로 돼 있어요. 그 시절엔 다 그랬어요. 애를 낳아놔도 일찍 죽으니까, 1년 정도 있다 하는 경우가 많았지. 아버지가 동생 출생 신고를 하러 갔는데 나도 안 돼 있더래요. 깜빡한 거죠. 8남매 중 다섯째고 딸로는 둘째인가 그래요.

한국전쟁(1950~1953년) 때라 혼란기여서 더 그랬군요. 어린 시절은 어떠셨나요.

아버지는 전매청(현 KT&G)에 다녔고, 어머니는 생선 장사를 했어요. 우리 어머니도 계속 일을 했어요. 아버지가 나 중3 때 식도암으로 돌아가셨는데요. 돌아가시기 직전에 미안하지만 공부를 그만두라고 하셨어요. 그래서 학교를 더 못 갔죠. 동생들이 공부를 계속하면 큰아들에게 짐이 될까 그러신 것 같아요. 요즘처럼 장학 제도가 잘돼 있는 것도 아니고 공부할 자리도 마땅치 않았잖아요. 더군다나 시골이라. 요즘은 다 알바해가면서 공부하잖아요. 그때 공부를 그만둔 게 항상 후회돼요.

어릴 적 꿈이 있으셨나요.

하고 싶은 게 많았죠. 미용 학원도 다니고 양재 학원(옷 만드는 것을 배우는 곳)도 다녔는데 오빠가 말렸어요. 한번은 학원 앞까지 쫓아오고, 한번은 좋게 타이르더라고요.

여자가 재주 많으면 남자가 놈팡이가 된다고요.

중학교 졸업 후엔 어떻게 지내셨어요.

밤에는 종교 단체에서 운영하는 학교를 다녔는데 지금 생각해보면 사실 학교도 아니에요. 낮에는 집안일 좀 돕다가 작은 사무실에 나갔죠.

어떤 일을 하셨어요.

장부 정리 일을 했어요. 도자기 공장에서도 일하고 제사 공장에선 누에고치서 실 뽑는 일을 했어요. 거기서 우리 아저씨를 만나 결혼했지.

전쟁 이후 산업화 과정에서 여성들은 '집 밖 노동'에 적극적으로 투입됐다. 1948년 '남조선 과도정부 노동부 통계실' 자료를 보면 공업 부문에서만 여성은 전체 노동력의 23.3%를 구성하고 있다. '근로 여성 50년사의 정리와 평가'는 "1960년대에 시작된 경공업 중심의 수출지향적 공업화는 섬유 · 의복, 가발, 전기 · 전자 등 노동집약적 수출 산업에서 대량의 여성노동력을 창출했다"고 분석했다. 정부는 1962년부터 수출증진과 소득증대 사업의 일환으로 '잠업증산 5개년 계획'을 10년간 추진했고, 1970년대 양잠수출액은 2억 7000만 달러 규모였다. 그러나 정애 씨가 경험한 대로 많은 여성이 제대로 된 교육을 받지 못하고 급하게 노동 현장에 편입됐다.

연애결혼 하신 거예요.

우리 아저씨가 의성농협에 다녔는데 출장 왔다가 나를 보고 따라다녔어요.

첫인상은 어떠셨는데요.

별로였지(다 같이 웃음).

어쩌다 연애도 하고 결혼까지 하셨어요.

우리 아저씨가 친정까지 찾아왔어요. 옛날엔 그렇게 소문나면 결혼해야 됐어.

마음에 드는 점이 있으셨던 거죠.

일단은 내가 많이 못 배워서 배운 사람이 좋았는데 우리 아저씨는 대학까지 나왔거든요. 직장도 은행 다니고. 사람도 야물딱져 보였어요. 살아보니까 아니더라고요. 영 사람을 잘못 골랐어요(웃음).

결혼 생활은 어떠셨어요.

직장 다니면서 번 돈으로 목장을 차리려고 했는데 시댁이 원체 없는 집이라 돈이 안 모아지더라고요. 조금 답답했어요. 아저씨가 5남매에 맏아들이었어요. 바로 애를 가졌는데 유산됐어요. 임신중독증이었는데 시골 노인들이 애 가진 몸에 주사 맞는 거 아니라고 해서… 그래도 바로 애를 가져서 연년생으로 낳았어요. 딸이 말띠(1978년생), 아들이 양띠(1979년생)예요.

서울에는 언제 어떻게 오셨어요.

우리 아저씨 집안에 정치 바람이 불어갖고요. 집안에 한 어르신이 국회의원 선거에 나가는데 그래도 대학 나오고 은행 다니는 사람이 좀 도와야 하지 않겠나 해서 (우리 아저씨가) 농협을 그만두고 사무장을 했어요.

선거는 어떻게 됐나요.

잘 안 됐죠. 그래 가지고 서울에 유원건설 해외인력부에 취직이 돼서 올라왔어요.

그게 언제쯤이었어요.

우리 딸이 돌 지나고 아들은 아직 돌도 안 지났을 때예요. 기저귀 차고 용달차로 올라왔으니까. 1980년쯤 됐을 거예요.

서울 생활은 어떠셨어요.

나는 돈을 좀 벌고 싶었는데 아저씨가 옛날 사람이라 고지식해서 여자가 밖에 나가 벌면 가정을 등한시하고 신랑을 무시한다고 못하게 했어요.

그럼 쭉 전업주부로 지내셨나요.

우리 아저씨가 사우디(아라비아)에 3년 정도 파견을 나갔거든요. 그때 몰래 돈을 벌었죠.

어떤 일을 하셨어요.

내가 손으로 하는 건 다 잘해요. 뜨개질도 잘하고 수도 얼마나 잘 놓았는데요. 우리 시모가 그랬어요. 애미는 똥도 버릴 게 없다고요. 서울 처음 와서 애들하고 공덕동 단칸방에서 시작했는데 돈을 모아서 17개월 만에 만리동에 집을 샀어요. 조그맣게 돈을 굴렸거든요. 내가 재테크에 관심도 많고 그런 걸 잘했어요.

88올림픽 전에 내가 대구에 집을 사자고 그랬거든요. 우리나라는 땅덩어리가 좁으니까 큰 행사가 있고 나면 부동산이 뛸 것 같았어요. 근데 우리 아저씨는 은행원 출신이라 1 더하기 1은 무조건 2여야 돼. 아주 고지식한 사람이라 못 샀지. 그때 대구에 30평 집이 1700만 원이었는데 올림픽 끝나고 1억 원이 됐어요.

많이 아까우셨어요.

아까웠지(웃음).

그때 건설업에서 중동 진출을 많이 했죠.

사우디에 나가면 월급을 두 배인가 더 줬어요. 알차게 모았죠. 아저씨가 일을 잘한다고 노동부장관상도 받았어요. 근데 회사가 사우디에서 철수하면서 나갔던 사람들이 차례로 명예퇴직을 했어요. 우리 아저씨도 그때 그만뒀어요.

1970~1980년대 중반까지 중동의 오일 달러는 한국에 큰 기회였다. 1973년 삼환기업이 사우디아라비아 고속도로 공사를 따낸 것을 시작으로 많은 건설 기업이 중동에 진출했다. 1975년 7억 5000만 달러였던 건설수주액은 1980년 82억 달러까지 늘었다. 정애 씨의 남편이 일한 유원건설도 1979년 사우디에서 3억 2000만 달러 규모의 병원, 학교, 사원, 체육관 공사를 수주했다는 기록이 있다. 사우디 리야드, 제다 등에 해외 지사도 개설했다. 그러나 중동 건설 경기는 1980년대 중반 이후 하락세로 돌아섰다.

그 이후엔 두 분이 어떻게 일하셨어요.

아저씨는 아파트 관리사무소에서 사무일을 보고, 나는 남영동에서 식당을 했어요. 원래 주방장을 두고 했는데 이 사람이 중요한 예약을 놔두고 갑자기 안 나오고 속을 썩이는 거예요. 그래서 내가 배워서 직접 음식을 했어요. 낮엔 근처 회사에 식권을 팔았고, 저녁엔 삼겹살이랑 갈비도 팔았어요. 테이블도 많고 잘됐어요.

갑자기 밖에 나와 요리도 하고 경영도 하는 게 힘들진 않으셨어요.

내가 원래 반찬 만들고 이런 걸 좋아해서 그런지 그렇게 어렵지는 않았어요. 그때가 88올림픽 때인데 하는 일도 잘 됐고, 가진 돈도 있고요. 그땐 내가 좀 잘나갔어요.

근데 왜 그만두셨어요.

시어머니가 돌아가셨는데 집안 사람들이 격식을 많이 따져서 초상을 오래 치렀거든요. 한 달 가까이 식당 문을 닫으니까 회사 사람들이 떨어진 거야. 그리고 애들이 초등학생이었는데 엄마가 집에 없으니까 성적이 떨어지더라고요. 그래서 남대문으로 가서 옷 장사를 시작했지. 옷은 새벽 장사니까 밤새 장사하고 애들 학교에서 올 때쯤 가서 밥도 챙겨주고 숙제도 봐줄 수 있었어요.

그럼 잠을 거의 못 주무신 것 아닌가요.

한 시간 반, 많으면 두 시간 잤어요. 그때는 옷도 잘되고 하니까 힘들다는 생각도 안 했어요.

식당과 옷가게는 전혀 다른 업종인데 어떻게 하게 되셨어요.

원래 디자인을 공부하고 싶었거든요. 남영동에서 남대문이 가까우니까 종종 와서 옷 만드는 걸 봤죠. 원단 하는 사람들 따라다니며 익혔어요.

직접 디자인을 하신 건가요.

내가 디자인을 하면 재단사가 샘플을 빼 와요. 그럼 내가 입어보고 어딜 손봐야겠다고 하고 맞춰오고, 사이즈별 색깔별로 주문을 넣는 거예요. 백화점에도 납품했어요.

1897년 최초의 도시 상설시장으로 문을 연 남대문시장은 1980~1990년대 패션호황기를 이끌었다. 특히 여성복과 아동복, 액세서리 등이 큰 인기를 끌며 '남문패션'이란 말이 나오기도 했다.

디자이너이자 피팅모델이자 경영자셨네요. 직접 디자인한 옷이 잘 팔리면 굉장히 뿌듯하셨을 것 같아요.

미시복+을 팔았는데 나는 바지가 좋더라고요. 기모바지가 히트 쳤어요. 가운데 선을 삥 두른 거요. 나팔바지도 히트 쳤지.

옷가게는 혼자 운영하셨나요.

네. 내 옷은 잘되고 우리 아저씨 일은 잘 안 됐어요. 우리 아저씨가 내 옷을 중국에 수출하려고 했어요. 중국에 LC(신용장)를 개설해달라고 했는데 계속 옷만 보내라고 하는 거야. 계속 끌려다닐 수가 없어서 끊어버렸지. 그 당시 돈으로 한 7000~8000만 원쯤 잃었을 거예요. 한옥 네 채 값이 없어진 거예요.

+ 결혼한 젊은 여성들이 입는 옷을 뜻하던 말. 결혼 이후에도 당당하게 자신의 생각을 펼쳐나가는 여성들을 1990년대에 '미시족'이라 부르기도 했다. 요즘은 잘 쓰지 않는 용어다.

그 충격으로 남편분이 쓰러지신 건가요.

자기 성질 못 이겨서 그런 거죠 뭐. 그 당시에는 대학까지 나온 사람이 많지 않았어요. 그러니까 웬만한 건 눈에도 안 들어오는데 하려는 건 잘 안 되고 하니까 그랬겠죠. 그러다 아저씨가 뇌경색으로 쓰러지고 6개월 만에 시아버지까지 쓰러졌어요. 검사를 해보니 암에 치매까지 다 왔더라고요.

시아버지와 함께 살고 계셨나요.

시어머니 돌아가시고 그때부터 서울로 모셨어요.

많이 놀라셨겠어요.

두 환자가 누워 있으니까 제정신이 아니었어요. 요양원을 알아보니 한 달에 800만 원이 들더라고요. 그런 돈이 어딨어요. 집에서 간호했죠. 나쁜 일이 파도처럼 밀려드니까 너무 힘들었지만 도망가지 않았어요. 내 인생은 없다, 나는 돈 버는 기계다 생각하며 살아보자 했죠. 그때 너무 힘들어서 그런지 나도 애들도 그때 일을 정확히 기억 못해요. 연도나 날짜 이런 것들…. 이상해서 의사한테 가서 물어봤는데 그러더라고요. 의사도 싫은 기억은 지운다고요.

장사에 병간호, 살림까지 다 하신 거네요.

뭘 먼저 해야 할지 결정하는 게 너무 어렵더라고요. 옷가게 일은 제대로 못했어요. 그러다 신용 불량자가 됐죠. 3년 7개월 만인가 시아버지가 돌아가시고 나서 옷가게 정리하고, 칼국수 골목에 온 거예요.

정애 씨의 삶은 남편과 시아버지의 병, IMF 외환위기가 겹치면서 큰 폭풍을 맞았다. 동대문 패션시장으로 진출하려던 꿈도 꺾였다. 1997년 1월 재계 자산 순위 14위였던 한보그룹의 부도를 시작으로 기업들이 쓰러졌다. 1997년 9월까지 도산한 기업들이 은행에 진 빚은 20조 5000억 원이었는데, 이는 당시 국가 예산(71조 5000억 원)의 30%에 달하는 금액이었다. 기업의 줄도산은 금융위기를 불러왔고, 정부는 1997년 11월 19일 IMF에 구제 금융을 공식 요청했다.

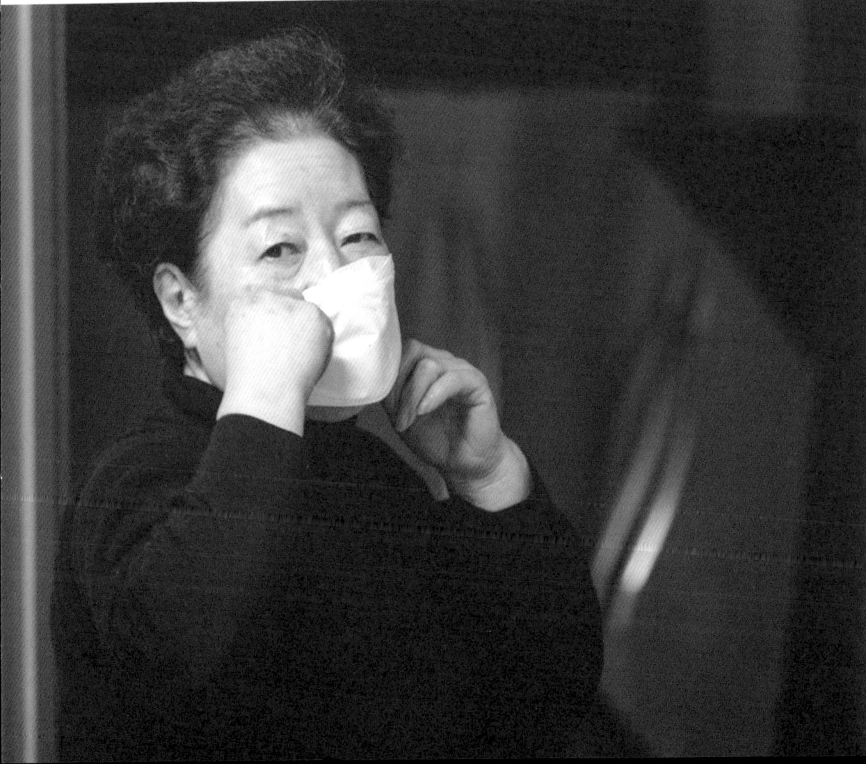

국숫집은 어떻게 시작하셨어요.

바로 앞에서 옷 장사를 했으니까 이 자리를 분양하는 걸 알았죠. 신용 불량자에서 빨리 벗어나려고 1년에 딱 이틀, 설이랑 추석만 놀고 열심히 일했어요. 신용회복위원회에 매달 얼마씩 갚으면서 1년 만엔가 벗어났어요. 그런데 내 몸이 망가졌어요. 집에서 김치 담그다가 뇌혈관이 터져서 쓰러졌어요. 작년엔 무릎 인공관절 수술도 했고요.

사장님 아프셨을 땐 누가 간병해주신 거예요.

내가 병간호하는 것에 지쳐서 나는 도움 안 받으려고 했어요. 근데 자꾸 간호사들이 와서 간병인을 쓰라고 눈치를 주데. 우리 딸이 엄마가 자꾸 고집부리면 간호사들이 힘들어서 그만둘지도 모른다고 그래요. 요즘 취직하기도 어려운데 나 때문에 그만두면 어떡해요. 그래서 간병인 도움을 받았죠.

지금은 괜찮으세요.

에이에스(A/S) 잘해서 쓰니까 괜찮아요. 기계도 몇십 년 쓰면 고장나잖아요. 내 몸에 맞게 반찬도 해서 잘 먹고요. 관리를 잘해요. (의학) 지식은 없지만….

지혜는 있으시고요.

(웃음) 의사가 나 보고 잘한다고 그래요.

국숫집 일은 어떠세요.

지금은 다 좋아요. 음식 하는 거 자체를 즐겨요. 먹고 더 달라고 하면 더 좋아요. 한번은 어떤 엄마가 아들 둘을 데리고 왔는데 큰아들이 다 먹었길래 "좀 더 줄까?" 그랬더니 더 달래. 그 엄마가 미안해하면서 "그만 먹어" 하길래, 나도 자식 키운 사람이다 그랬죠.

기억에 남는 손님들도 많이 있으시겠네요.

엄마랑 딸이 같이 오는데 딸은 건너편 집 단골이고 엄마는 우리 집 단골이에요. 딸이 돈 낼 때는 건너편 집으로 가고, 엄마가 돈 낼 때는 우리 집으로 와요(웃음). 한번은 어떤 할아버지가 와서 "저 모르겠어요?" 그래요. "언니는 찰밥 드시고, 아저씨는 칼국수 드셨는데 맞아요? 아들이 의사고" 하니까 맞대요. 부인이 암으로 고생하다 저세상 갔대요. 그 언니 기억이 나요. 아들은 의사고 딸은 화학 박사라고 자랑을 했는데 그렇게 갔다니 내가 참 속이 안 좋더라고요.

여기서 수많은 인생을 보시겠어요.

50대 손님이 한동안 안 보인다 하면 어디 수술받으러 들어갔구나 하고, 70대 손님이 몇 년 안 보이면 아이고 갔구나 해요.

장사는 잘된 편이었나요.

한창 바쁠 때는 새벽에 나와서 밤까지 앉아 있을 틈도 없이 일했는데 코로나 때문에 많이 쉬었어요. 얼마 전에 도깨비(남대문 수입상가)에서 확진자가 나왔고… 조심스럽지.

2021년 12월 11일 통계청이 발표한 '한국의 사회동향 2020' 자료를 보면 자영업자들은 외환위기 때보다 코로나19로 더 큰 영향을 받은 것으로 나타났다.

남편분 건강은 지금 어떠세요.

10년 전쯤에 치매가 왔어요. 처음엔 많이 힘들었어요. 장사하다 찾으러 가기도 하고 애를 먹었어요. 지금은 세상이 많이 좋아졌어요. 위치 추적기 있으니까 어딨는지도 알고요. 일주일에 두 번 구청 치매 교실에도 가요. 아침에 일어나서 반찬만 해놓고 오면 돼요.

새벽 4시에 출근하시면서 반찬까지 해놓고 오세요.

국이나 찌개 끓여서 반은 냉장고에 넣어놓고 반찬도 해놓고. 그 덕에 나도 먹고 좋잖아요.

정말 대단하세요.

안 대단하면 어떡해.

구산천막사
703-1916

보행신호시

양가 제사를 여전히 다 챙기신다면서요.

친정 부모 제사는 작년에 절에 모셨어요. 우리 엄마 제삿날에는 장사 일찍 끝내고 KTX 타고 가서 제사 지내고 밤에 올라왔어요. 내가 돈 버니까 비싼 KTX 탔지. 근데 우리 언니도 아프고 하니까 힘들더라고요. 시부모 제사는 아직 내가 모셔요.

왜 시부모님 제사는 절에 모시지 않으세요.

우리 아저씨가 살아 있고… 제사를 지냄으로써 시동생들도 한 번씩 모이고 하니까요. 근데 자식들한테는 안 물려주고 싶어요. 우리 아저씨도 돌아가시면 내가 좀 모시다가 애들한테는 안 주려고요.

집안의 가장 역할을 해왔다는 것에 자부심이 있으실 것 같아요.

그건 있어요. 시골에서 올라와 여자가 두 환자 보살피며 애들 공부시켰고, 상상을 초월할 만큼 힘들게 살았죠. 다시 돌아간다고 해도 더 잘할 순 없을 것 같아요. 지금은 너무 좋아요. 애들이 생활비 준다고 그만두라고 하는데, 내가 버니까 친정도 KTX 타고 왔다 갔다 하고 언니 아플 때 반찬도 해서 보내주고 했죠. 자식들한테 받으면 그 돈을 그렇게는 못 쓸 것 같아요. 내가 벌어서 우리 아저씨 먹이고, 대학 병원도 다니고요. 손녀들한테도 '인기 짱'이야. 군것질거리도 사주고 용돈도 줄 수 있잖아요. 일미니 좋아요

자녀분들이 존경스럽다고 할 것 같아요.

딸이 그래요. 사람의 한계가 100이라면 엄마는 100을 초과한 사람이라고. 아들은 엄마가 세상에서 제일 힘들게 사는 사람이라고, 우리는 엄마만큼 못 할 것이라고요. 내가 그랬어요. 너희들은 엄마보다 훨씬 더 잘할 것이다. 엄마는 우물 안 개구리였다고.

자녀분들은 어떤 삶을 살았으면 좋겠다고 생각하세요.

우리 애들이 잘 커줬어요. 그 보람 없었으면 못 살았지. (정애 씨의 딸은 상담 교사로 일하고, 아들은 결혼 후 일본에서 사업을 하며 살고 있다.) 나는 딸도 살림만 하게끔 안 키웠어요. 우리 딸네 갔는데 딸이 저녁때 자기 먹고 싶다고 맥주를 사러 나가는데 보기 좋더라고요. 우리 며느리도 직장 다니면서 자기 길 가는 게 좋고요. 일을 계속하는 사람은 그게 재능이 되고 다른 걸 불러오니까 일은 손에 놓지 말고 가능하면 하는 게 좋다고 봐요.

한국 전쟁이 일어난 해에 태어나셨잖아요. 단시간에 가장 극적인 변화를 겪은 나라에서 70년을 넘게 사셨는데 세상 많이 변했구나 하고 느끼시나요.

많이 변했죠. 옛날엔 여자들이 마음대로 다니지도 못했잖아요. 극장 구경을 가도 오빠한테 허락을 받았잖아요. 하고 싶은 대로 일할 수 있다는 건 좋은 것 같아요. 일해야 보는 눈이 생기고 머리도 깨이고 생각도 나아지는 것 같아요.

좀 더 좋은 시대에 태어났다면 하는 생각은 안 드세요.

다시 태어난다면 나를 위해서 살고 싶어요. 하고 싶은 것을 포기하고 그랬던 것이 굉장히 후회스러워요. 손녀들이 서로 다른 문방구 간다고 싸우면 저는 둘 다 가요. 만날 양보하면 나이 들어서도 양보할까 봐. 옛날엔 양보하는 게 미덕이었지만 요새는 미덕 아니야. 나는 그게 싫더라고요.

예전에는 비혼이 선택이 아니었죠. 결혼하지 않고 사는 것도 괜찮을 것 같으세요.

네. 혼자서 자기 하고 싶은 일 하고 배우고 그런 것도 괜찮지. 뭐든지 열심히 해서 자기 적성에 맞는 거, 좋아하는 것을 즐기면서 돈도 벌고 싶어요. 사람이 살면서 스트레스가 없을 수는 없잖아. 그래도 좋아하는 걸 하면 스트레스를 덜 받을 것 같아요. 애들한테도 결혼해라, 애 낳아라 그런 얘기 안 했어요. 열심히 일하고 쉴 때는 그냥 쉬라고 해요.

국숫집은 언제까지 할 계획이세요.

한 5년은 더 할까 했는데 요즘 우리 아저씨가 자꾸 몸이 마르는 게 (세상 떠날 날이) 많이 남지 않은 것 같아. 아저씨 벌어먹일 때까지 한 3년은 더 하려고요. 나이 들어서 벌면

70~80%는 다 자기가 쓰고 가는 거예요. 내가 벌어서 나한테 쓰는 거예요. 지금 임플란트도 세 번째 하는 거거든요. 누구 만났을 때 밥 한 끼라도 살 수 있고요. 얼마나 좋아요.

장사 그만두면 뭘 하고 싶으세요.

한 2년은 아무것도 안 하고 그냥 쉬고 싶어요. 여행도 다니고 공부도 좀 하고 싶어요. 첫째는 컴퓨터를 배우고 싶고 내가 좋아하는 옷이랑 펀드나 주식 같은 것도 알고 싶고요. 공부해서 내 적성에 맞으면 육체노동은 덜 해도 되니까요.

지금 당장 하고 싶은 걸 하시면 안 되나요.

일단 우리 아저씨가 저렇게 누워 있는데 나 혼자 여행 다니고 그런 건 마음이 안 좋아요. 젊어서 만났는데 내가 보호도 해야 하고 책임져야 할 의무도 있고 도리도 있고 그런 거지.

가족들이 나를 어떻게 기억해줬으면 좋겠다 싶으세요.

그냥 열심히 한 사람으로요. 딸이 "엄마는 항상 주기만 하고 언제 받으실랍니까" 그래. 내가 딱 잘라서 얘기했어요. 엄마한테 받은 사랑 플러스알파 해서 네 딸한테 줘라. 그럼 허무하지 않냐고 해요. 내 자식인데 뭐가 허무해요. 저희도 열심히 했고 나도 열심히 했으니 후회는 없지.

평생 일하셨는데요. 혹시 명함 있으세요.

아뇨. 뭐하러. 안 만들었어요.

그러네요. 인생이 명함이시니까요.

눈뜨면 내가 나갈 자리가 있다는 게 참 좋은 거예요. 예전엔 기도도 많이 했는데 이제 안 해요. 일할 수 있는 것만으로도 감사해요.

손정애 씨 영상 인터뷰

says

좋아하는 것을 즐기면서
돈도 벌고 싶어요.
사람이 살면서 스트레스가
없을 수는 없잖아.
그래도 좋아하는 걸 하면
스트레스를 덜 받을 것 같아요.
애들한테도 열심히 일하고
쉴 때는 그냥 쉬라고 해요.

insight

1954년,
32만 명의 딸들이
태어났다

1954년, 전국에서 32만여 명의 딸들이 태어났다. 정확히는 그보다 더 많은 아이가 출생했겠지만 통계는 없다. 1955년 실시된 인구주택총조사의 1세 여아(32만 4018명)로 추정할 뿐이다. 1953년 정전 협정 직후, 출생 신고가 온전히 자리잡지 못한 때였다.

또 다른 '정애 씨'들의 삶

그들은 '1950년에 태어난 1954년생' 손정애 씨와 비슷한 모습으로 태어나고 자라고 나이들었다. 전쟁 직후 혼란과 엉성한 행정 속에서 자란 것, 서울 아닌 경상도에서 태어나 경상도 아닌 서울에서 일해온 것, 10대부터 시작된 노동이 진행형인 것이 그렇다. 전쟁을 피해 몰려든 피란민 때문에 그때는 서울보다 경상남도의 인구가 더 많았다. 0~4세 여아도 경남(29만 459명)이 서울(10만 8194명)의 2.68배였다. 65세 이상 여성 133만 명은 국숫집에서, 아파트 복도에서, 텅 빈 강의실에서, 또는 누군가의 집에서 취업 중이다. 정애 씨의 호적상 친구들, '54년생' 딸들의 궤적을 통계와 숫자로 좇았다. 곳곳에서 평생을 노동과 함께한 정애 씨의 모습이 보였다.

1950년대에는 영숙이라 불리는 딸들이 가장 많았다. 정애, 순자, 영희도 숱했다. 꽃부리 영(英), 맑을 정(晶), 순할 순(順), 사랑 애(愛) 자 같은 가부장세가 원하는 여성상이 곧 이름이 됐다. 어떤 딸들은 이름부터 차별받았다. 말순, 종숙, 후남, 끝순 등은 모두 '다음에는 아들을 낳자'는 바람이 반영된 이름이었다. 1950년대 합계 출산율은 6.3명. 한 집에 자녀 수가 5~6명은 됐는데 딸들은 아들 없는 집에서는 눈칫밥을, 아들 있는 집에서는 식은밥을 먹으며 자랐다.

학업은 여러 의미로 '좁은 문'이었다. 54년생 딸들이 대부분 국민학교(현 초등학교) 1학년이 되던 1961년, 26만 7333명이 국민학교에 입학했다. 전국 5264개 학교, 3만 9342개 교실에 385만 4779명의 학생이 있었다. 한 학급에 학생 98명이 들어갈 수 없으니 어쩔 수 없이 2부제, 3부제+ 수업도 했다. 학교를 계속 다니지 못하는 딸들도 많았다. 54년생이 6학년이던 1966년, 4040명의 여학생이 국민학교를 중퇴했다.

가장 많은 이유는 빈곤(2073명)이었고, 기타(1659명), 질병(279명), 결핵(29명) 순이었다. 장기 결석자는 6466명이었다. 그해 한 해만 유급(상위 학년으로 진급하지 못하고 남는 것)하는 국민학생이 1만 1816명에 달했다. 유급하는 학생, 늦깎이로 온 학생, 등교하지 않는 학생들이 혼재하

+ 학생 수는 많고, 교원이나 교실은 모자란 상황 탓에 수업을 하루 2회 또는 3회로 나누어 실시하던 제도

54년생 여성의 학교 진학 인원 추이

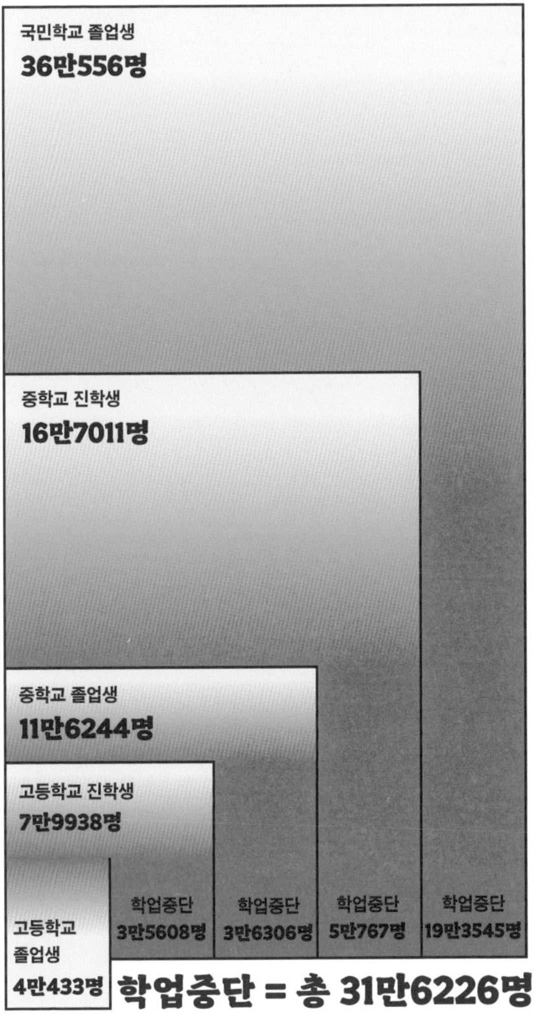

출처: 통계청 한국통계연감 1962년, 문교부 중앙교육평가원〈교육통계연보〉 1966~1973년
1954년 학교입학 · 졸업 연도에 따른 졸업생 · 진학생 규모로 54년생 외 인원이 일부 포함된 수치임

던 때였다. 1961년 1학년 입학생과 1966년 6학년 졸업생이 일치하지 않는 것은 그런 이유다. 1967년 국민학교를 졸업한 여학생 36만 556명 중 16만 7011명만 중학교로 진학했다. 졸업생 절반이 중학교를 가지 않았다는 뜻이다. 고등학교 진학도 어려웠다.

1970년 중학교를 졸업한 여학생 11만 6244명 중 인문계·실업계 고등학교 진학생은 7만 9938명이었다. '장남에게 부담 주지 말아라', '남동생에게 양보해라', '집안 형편이 어려우니 거들어라', '여자가 재주 많으면 안 된다' 등 그 시절의 상식으로는 여학생이 학업을 그만둘 이유가 차고 넘쳤다. 중학교, 고등학교, 대학교의 문턱에서마다 딸들은 그물에 걸린 것처럼 교육에서 걸러졌다. "(공부를) 그만둔 게 항상 후회된다"는 회한은 정애 씨만의 것이 아니다.

'민증' 없는 노동자들

학교를 못 간 딸들은 일터로 갔다. 54년생 딸들이 16세가 되던 1970년, 15~19세 여성 147만 6000명 중 65만 1000명(44.1%)이 경제활동인구였다. 15~19세 여성 10명 중 4명이 일하고 있거나, 일할 의사가 있었다는 뜻이다. 전체 여성 취업자 중에서도 15~19세의 비중이 가장 높아, 여성 노동자 6명 중 1명꼴로 10대 노동자였다.

54년생 딸들이 취업 전선에 뛰어든 1970년대는 이미 수도권 집중 현상이 극심했다. 1955년 전국에서 가장 많았던 경남의 0~4세 여아 인구(29만 459명)가 15년 후 15~19세 여성 인구에서 절반(14만 1062명)이 됐다. 같은 기간 서울의 0~4세 여아(10만 8194명)는 세 배 이상의 15~19세 여성 인구(35만 1797명)로 늘었다. 가족 생계를 위해 여성 일자리가 많은 수도권으로 전국 각지의 청년 여성들이 몰린 탓이다.

54년생 10대 노동자들은 공장에서 일했다. 당시 한국의 경제성장 전략은 가발 · 합판 · 섬유 · 신발 · 전기제품 같은 노동집약적 경공업을 중심으로 설계됐다. 열악한 작업장의 10대 여성 노동자들은 베니어합판+으로 대충 나뉜 기숙사에서 출퇴근 구분 없이 일하거나, 타이밍(잠 깨우는 각성제)을 먹어가며 저임금 · 장시간 노동으로 산업을 떠받쳤다.

대접은 달랐다. 여성 노동을 보는 시선부터 차별적이었다. 1971년 1월 13일 인력개발연구소가 작성한 '한국 여성인력의 현황보고'를 보면 그 시절의 인식을 엿볼 수 있다. 해당 설문조사에서 남성 경영자의 70%는 '남성의 능력이 여성

+ 얇게 켠 나무 널빤지를 여러 겹 붙여 만든 널빤지

에 비해 우월하다'고 답했다. 여성 경영자의 40.5%는 '여자와 남자가 같다'고 했고, 36.5%는 '여성이 열등하다'고 했다. 보고서에는 "직장 여성의 특성을 조사한 결과 가사에 소홀하고 사치하는 편"이라는 표현도 실렸다.

급여 차이는 당연했다. 1970년 남성 재봉공(4576명)의 평균 임금이 1만 4950원일 때 여성 재봉공(2만 2349명)은 9460원을 받았다. 딸들은 이 돈을 아껴 생활에 쓰고 남는 돈을 고향 집으로 보냈다.

여성의 초혼 연령은 1975년에 22.8세, 1981년에 23.2세였다. 만 23세가 되는 1977년에 많은 54년생 딸들이 혼인했을 것으로 짐작된다. 정애 씨처럼 연애를 통해 이뤄진 결혼을 당시에는 자유혼이라 불렀다. 1981년 신고된 혼인 중 35%가 자유혼이었고 나머지는 중매로 이루어진 중매혼이었으니, 정애 씨는 꽤나 신식 결혼을 했던 셈이다. 1980년대 여성의 첫 출산 평균연령은 23~24세였다. 1977년 23세에 결혼한 54년생 딸들은 1980년 26세에 이미 어머니가 됐다는 뜻이다. 1980년의 합계 출산율은 2.82명이었으니, 정애 씨처럼 54년생 어머니 대다수도 두 아이 또는 세 아이의 엄마가 됐다고 볼 수 있다. 말띠(1978년생), 양띠(1979년생), 원숭이띠(1980년생)의 어머니 중 다수가 54년생이라는 추정도 가능하다.

53~57년생 여성의 취업자 및 가사 · 육아를 이유로 한 비경제 활동인구 추이

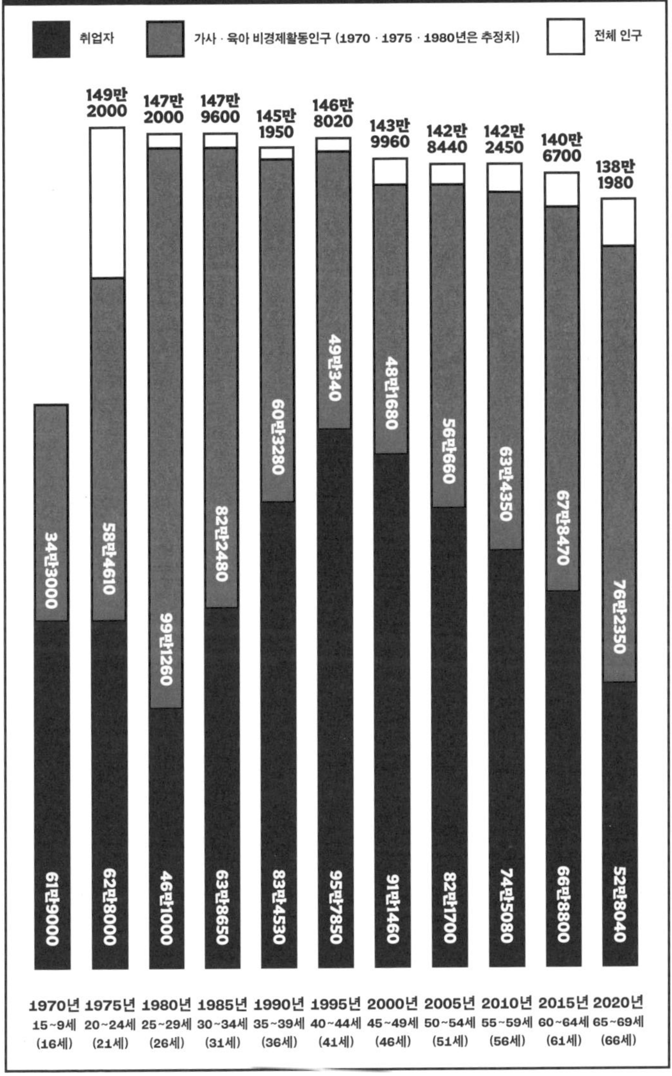

출처: 통계청 경제활동인구조사 마이크로데이터, 한국통계연감, ( )안은 54년생 연령

태어나서 지금까지 그들은 노동자였다

결혼·출산·육아기의 여성들은 일터를 떠났지만 노동은 멈추지 않았다. 임정빈 한양대 명예교수의 연구를 보면 1980년 주부들의 가사노동 시간은 평일 평균 11.8시간, 휴일 평균 12.4시간이었다. 통계는 가사·육아를 생산 활동이 아니라는 이유로 비경제활동 인구로 분류한다.

'취업도 실업도 아닌 상태'를 의미하는 비경제활동인구의 다른 항목들은 통학·연로·심신장애·기타 등이다. 가사·육아 없이는 다른 경제활동이 불가능함에도, '집사람=집에서 노는 사람'이라는 편견이 노동의 가치를 폄하해 온 것이다.

공식적으로 인정된 '경제활동'만 보면, 54년생 딸들의 노동사도 흔히 알려진 여성 노동의 패턴을 따른다. 49쪽의 검은색 막대그래프는 연도별 1953~1957년생(5세 단위·54년생 포함) 여성의 취업자 규모를 통계청 경제활동 인구조사 마이크로데이터를 통해 집계한 것이다. 그래프 상에서 여성 취업자 규모는 20대 후반 들어 급감한 뒤, 30대 후반 이후부터 늘고 40대 초를 정점으로 감소한다. 젊을 때 일하다 결혼·출산·육아로 경력 단절을 겪고, 어느 정도 자녀들이 자란 뒤 생계를 위해 다시 노동시장으로 진출하는 것은 우리 주변에서 쉽게 볼 수 있는 여성 노동의 모습이다.

그러나 가사·육아를 노동의 영역으로, 경제활동의 영역으로 끌어들이면 그래프의 모습은 완전히 달라진다. 앞서 취업자 규모를 산정한 방식대로 가사·육아를 이유로 한 비경제활동인구를 추가해(49쪽 붉은색 막대 그래프) 54년생 딸들의 '온전한' 노동을 복원했다. 가사·육아 비경제활동인구가 취업자 수에 더해지자, 나이가 들면서 오르고 내리던 변동 폭은 사라지고 해당 연령대 여성 인구에 근접한, 130만~140만 명대 언저리에서 규모가 유지되는 모습이 나타났다. 거의 모든 여성이 일터든, 집에서든, 노동하고 있었다는 사실이 통계에서 확인된 셈이다. 김난주 한국여성정책연구원 연구위원은 "가사노동을 하지 않는 여성은 없다. 이를 경제활동과 노동의 범주에 넣는다면 모든 여성이 경제활동 인구며, 취업자고, 노동자였다"고 말했다.

54년생 딸들은 그때도, 지금도 일하고 있다

54년생 여성들과 함께, 그의 자녀들도 나이가 든다. 학교 갈 나이가 된 아이들은 손이 덜 가지만 돈은 더 든다. 54년생 여성들은 서른 초중반(1985년 전후)부터 일터로 복귀했다. 54년생이 서른하나가 된 1985년, 30~34세 여성 취업자는 63만 8950명으로 다시 늘어, 15년 전 청계천·구로공단에서 일하던 10대 노동자만큼의 숫자를 회복했다.

임금 격차는 좁혀지지 않았다. 1995년, 40~44세 여성 취업자의 절반(44.8%)이 서비스 근로자 및 상점과 시장판매 근로자였고, 5명 중 1명(16.9%)이 단순노무직 근로자였다. 남성 서비스 근로자가 월 급여 103만 7444원을 받을 때 여성은 66만 5952원을 받았다. 단순노무직도 40~44세 남성 근로자는 82만 8014원, 여성 근로자는 53만 9500원을 벌었다. 여성은 더 긴 시간을 일했지만 직장을 다닌 기간이 짧았고 돈은 덜 받았다.

54년생 여성들은 나이 마흔 중턱에서 1997년 IMF 외환위기를 맞았다. 일은 남녀 모두 했지만 "돈은 남자가 번다"는 인식이 팽배했다. 당연한 듯 여성이 먼저 일터에서 내몰렸다. 1998년 정리해고 등의 이유로 고용보험 자격을 상실한 근로자만 27만 명, 이 중 금융보험업(여성 20.9%, 남성 13.5%)·제조업(15.7%, 12.1%) 등 대부분에서 남성보다 여성 상실자 비중이 높았다. 54년생 여성들도 고용 한파를 피하진 못했다. 40~44세 여성 실업자는 1997년 1만 8000명에서 1998년 5만 4000명으로 3배 증가했고 실업률도 1.6%에서 4.8%로 급등했다.

일자리가 없어진다고, 돈 나갈 곳이 줄지는 않는다. 정애씨의 자녀들처럼, 1998~2000년은 54년생 여성들의 말띠·양띠·원숭이띠 자녀들이 대학에 진학할 때다. 54년생 여

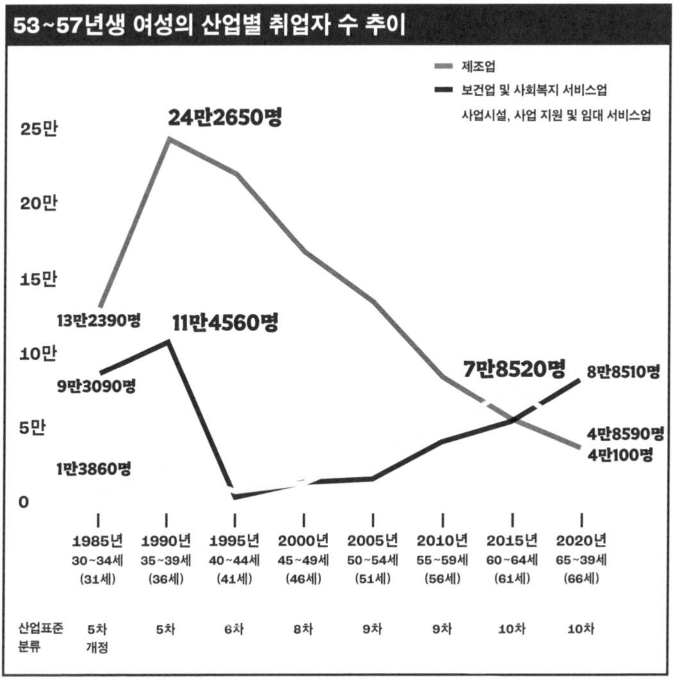

출처: 통계청 경제활동인구조사 마이크로데이터, ( )안은 56년생 연령

성들은 졸라맨 허리띠로 부족해 식당·마트·공장을 찾아 다녔다. 정애 씨가 옷가게를 접고, 국숫집을 시작한 시기에 40~44세 숙박 및 음식점업 여성 임금근로자 수는 10만 7600명(1998년)에서 11만 2700명(1999년)으로, 도·소매 및 소비자용품 수리업 근로자는 6만 7300명에서 7만 9100명으로 늘었다. 40~44세 여성 임금노동자 중 임시·일용직 비율은 68.9%(1995년)에서 76.87%(2000년, 45~49세 여성)로 뛰었다.

54년생 여성들은 쉰 살 이후 빠르게 제조업에서 밀려났다. 2004년 50~54세 여성 취업자 중 16.4%가 제조업에 종사했는데, 2013년 55~59세 여성 근로자 중 제조업 종사 비율은 11%였다. 50대 여성 종사 비율이 빠르게 오르는 산업군도 있다. 건물 청소·유리창 세척·화장실 위생 서비스 등이 포함된 사업시설 관리 및 사업지원 서비스업, 방문간호·재가 요양 서비스·방문목욕 서비스 등이 포함된 보건업 및 사회복지서비스업이다.

54년생 딸들은 10대에 여공으로 일을 시작했다. 20대에 엄마가 돼 가사노동을 도맡았다. 30대에 다시 공장에서 일했다. 40대에 외환위기를 겪으며 비정규직이 됐다. 50대 이후부터 청소·요양·간병 등 저임금 일자리에 종사했다.

그들은 나이 육십을 훌쩍 넘긴 지금도 여전히 일하고 있다. 2020년 65세 이상 여성 취업자는 124만 6400명으로 25~29세 여성 취업자(115만 명)보다 많다. 통계 집계 이후 65세 이상 여성 취업자가 25~29세 여성 취업자 수보다 많았던 것은 2020년이 처음이었다.

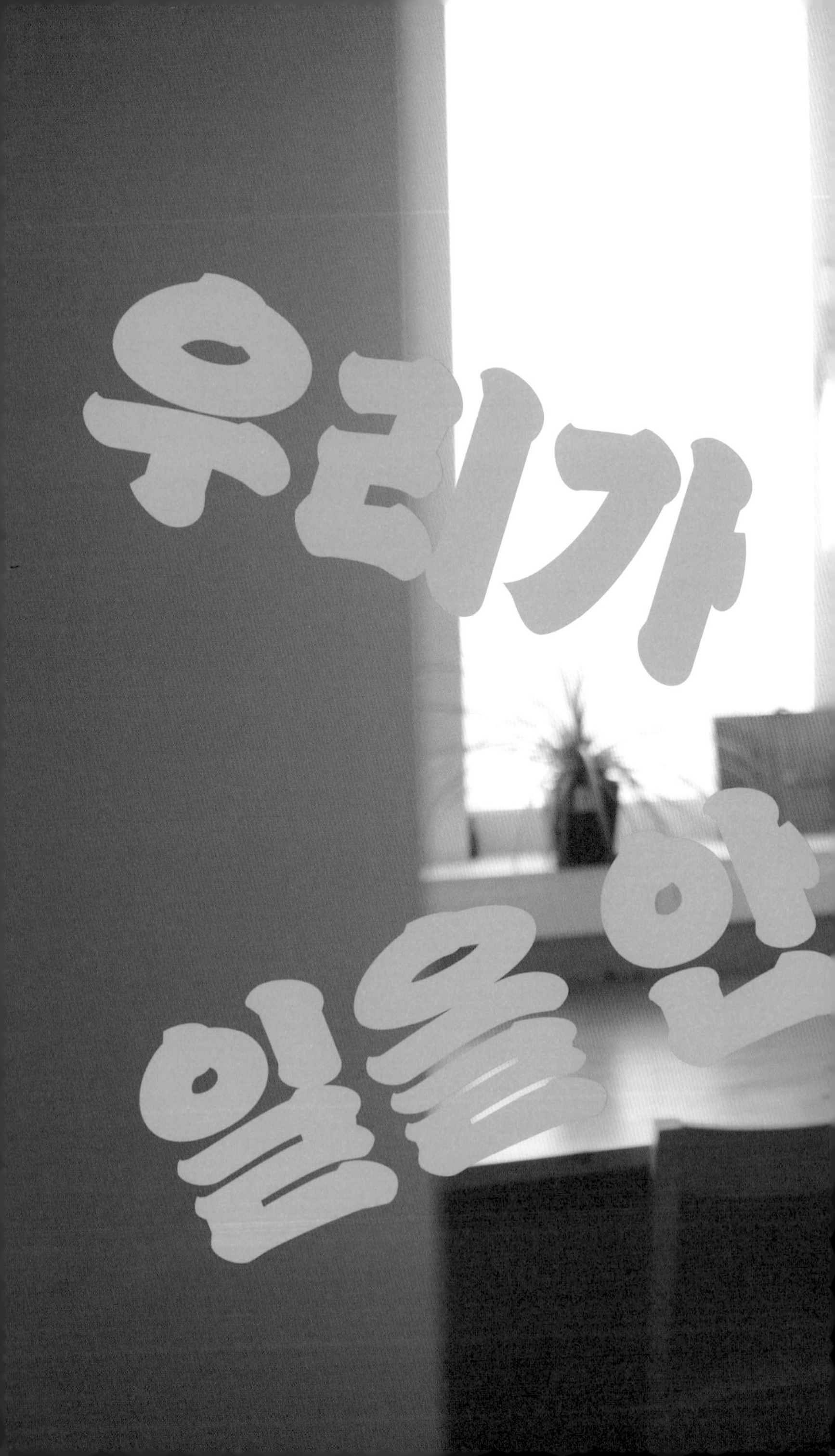
우리가
일을 안

했다고?

way to work

두 번째 출근길

NAME JANG HEE JA BIRTH 1960 VOLUNTEER ACT

JANG HEE JA

JANG HEE JA

JAN HEE JA

NAME JANG HEE JA BIRTH 1960 VOLUNTEER ACT

"늘 내 인생은
뭐였을까 생각하면
누구의 엄마,
누구의 아내밖에
없지 않나
생각했는데요.
나도 꽤 괜찮은
사람이구나
생각하게 되네요."

안녕하세요.

자원활동가
장희자입니다.

희자 씨를 담기에 '집사람'은 너무 작은 이름

장희자 씨(62)는 5남매 중 맏딸이다. 한 남성의 아내, 두 아들의 엄마다. 며느리이자 시어머니다. 이것은 모두 '관계 속의 희자 씨'에게 붙은 이름들이다. 희자 씨는 운수 회사의 뛰어난 경리 사원이었다. 두 아들을 반듯하게 키워낸 양육 전문가다. 부모를 돌보기 위해 요양보호사 자격증을 따고, 아픈 시부모를 간호한 돌봄 전문가다. 20년 넘게 자원봉사를 한 봉사 전문가다. 이것은 모두 희자 씨가 해온 일들이 만든 이름이다.

기쁠 희(喜). 아들 자(子). 희자 씨는 이름이 마음에 들지 않았다. 다른 사람을 받쳐주는 총무 역할만 맡는 것 같은 인생이 속상할 때도 있었다. 60대가 된 희자 씨는 자신의 이름을 좋아한다. 직함은 없지만 가정에서 중요한 일을 해왔다는 믿음을 갖고 있다. 가족에게도 이웃들에게도 기쁨을 주는 사람이라고 생각한다.

'집사람'. 희자 씨처럼 결혼 후 집안일을 도맡아온 여성들을 우리 사회는 집사람이라 불러왔다. 국립국어원과 여성정책연구원이 집사람을 성차별 용어로 지정한 것이 2008년이지만 여전히 많은 남성이 자신의 배우자를 집사람이라고 소개한다. 가사 일이 법적 노동으로 인정받은 것은 2021년 5월. 1953년 근로기준법이 제정된 이후 무려 68년이 지나서야 가사노동자는 노동자로서의 법적 지위를 인정받았다. 희자 씨는 직업을 물었을 때 “집에서 놀아요”라고 말하는 것에 익숙하다고 했다. 집사람들은 정말 집에서 놀았을까. ‘K장녀’로 태어나 집사람으로 살아온 희자 씨를 여섯 번에 걸쳐 인터뷰했다. 희자 씨의 이야기다.

장희자. 1960년생이에요. 전후 세대죠. 우리 집은 원래 강원도였어요. 찐빵으로 유명한 안흥 아시죠. 거기가 제 태를 묻은 곳이에요. 세 살 때쯤 충남 공주로 가서 국민학교 2학년까지 다녔어요. 아버지가 쌀장사를, 엄마는 충남상회라는 가게를 하셨어요. 도로 옆에서 차표랑 여러 가지 것들을 파는 작은 잡화점이었어요. 비교적 풍족했던 것 같아요. 친구들은 책가방을 보자기로 했는데, 나는 진짜 가방을 메고 구두를 신고 학교를 다녔으니까요.

아버지 일이 잘 안 돼서 수원으로 가셨는데, 수원에 자리를 잡는 두 달 동안 부모님이 오빠랑 나를 옆집에 맡겨두셨어요. 무서웠어요. 부모님이 정말 찾으러 올까.

다들 못 살겠다고 할 때니까 아이들을 고아원에도 보내고 입양도 보내고 할 때였거든요. 그때 철이 다 든 것 같아요. 아홉 살에. 남의 집에서 오빠랑 둘이 있었는데 세 살 많은 오빠를 내가 챙겼어요. 부모님이랑 합친 뒤에도 잘 보여야 한다고 생각했어요. 그때부터 '착한 병'이 든 것 같아요. 힘들다는 소리 하지 말고 솔선수범해야 되고. 동네 어른들이 그랬어요. 희자는 안에 구렁이가 들어앉아 있다고. 아래로 3살, 6살, 9살 차이 동생이 있어요. 5남매 맏딸로 크면서 동생들을 챙겼죠. 59살 동생이 지금도 전화하면 "네, 언니"라고 해요. 엄마 같은 언니였던 거죠. 요즘 다리에 봉침

PHANTOM

을 맞으러 다녀요. 정말 아픈데 '아' 소리도 안 내요. 한의원에서 이렇게 참는 사람 처음 봤대요. 어릴 때부터 참는 게 습관이 돼서 그런가 봐요.

학교요…. 이 이야기를 입 밖으로 내기까지 오래 걸렸어요. 야간 고등학교를 다녔어요. 등록금이 너무 부담스러웠고, 돈을 벌어야 했거든요. 낮엔 대학교 사무실에서 사환으로 일하고 밤에 학교를 다녔어요. 야간고 다니는 애들은 다 그렇게 일했어요. 밤에 학교 나왔단 얘길 하는 게 오랫동안 부끄러웠어요. 지금 이렇게 말할 수 있는 건 그만큼 내공이 쌓인 거죠. 졸업하고 운수 회사로 갔어요. 교수님들이 다 말렸어요. 운수 회사가 얼마나 험한데 거길 가냐고요. 학교에 있으라고요. 학교에 있으면 편한데… 맨날 꼬맹이일 것 같았어요. 언제까지나 '장 양'일 것 같았어요. 성장하고 싶었던 것 같아요.

운수 회사에서 전표랑 돈 세는 것부터 시작해서 경리과까지 갔죠. 성실하게 일했어요. 몇 년 지난 것도 물어보면 술술 얘기하니까 윗분들이 나만 찾았어요. 월급 받으면 꼭 책을 사서 봤어요. 알뜰히 모아서 엄마한테 드렸지만, 남은 돈으로 아껴 쓰며 재밌게 살았어요. 퇴근하고 지역 YWCA에서 하는 수회 강좌도 들었어요. 직장 다닐 때 만난 언니들이랑은 지금도 자주 만나요. 그때 우리 참 많이 참고 살았다고 얘기해요. 남존여비 사상이 심할 때니까요. 요즘 '미투'라고들 하잖아요. 그때는 "여자니까…" 이런 말도 많이 들었고, 지나가면서 엉덩이를 툭툭 치거나 어깨를 주무르는 일도 많았죠. 너무 싫지만 항의하거나 그런 걸 못 했어요.

작은아버지가 중매를 서서 선을 봤어요. 그때 내가 스물일곱. 오빠가 서른이었는데 엄마가 길에 나가질 못했대요. 아들, 딸이 시집 장가 못 간 게 부끄러워서. (남편이) 한 달 동안 매일 찾아와서 결혼하자고 했어요. 인천 직장에서 수원까지 두 시간 반 거리를 온 거죠. 선본 지 한 달 20일 만에 결혼했어요. 잘 모르는 사람하고 결혼한 거예요(웃음). 그땐 도피였던 것도 같아요. 집에서 독립하려면 결혼 말고는 방법이 없었으니까요. 난 그래도 한 달 동안 매일 봐서 성실한 사람이구나 정도는 알고 했지만, 그땐 몇 번 안 만나고 결혼하는 경우가 많았어요.

직장은 결혼하면 안 나오는 게 당연했어요. 옷 자체가 달라졌어요. 홈드레스로. 살림하고 애 키우고. 자연스럽게 현모양처 코스로 들어간 거죠. 엄마, 며느리… 처음엔 다 어려웠죠. 엄마가 되는 '일'에 대해 누가 가르쳐주지 않잖아요. 우리 땐 『여성대백과』가 혼수였어요. 갓난아기 먹이는 음식부터 살림, 관혼상제까지 세트로 나와 있었어요.

임신했을 때 인천 시민회관 가서 부모 교육 강좌를 듣기도 했고, 신문 보면서 정보를 많이 얻었어요. 출산하자마자 『프뢰벨 전집』과 『몬테소리 전집』을 샀어요. 남편 월급이 30만 원이었는데, 전집은 65만 원이었어요. 내 것은 안 사도 아이들 교육에는 욕심을 낸 거죠. 그땐 책에 의존해서 많은 걸 배웠던 것 같아요. 요리는 (궁중요리 무형문화재) 『황혜성 요리백과사전』으로(웃음).

남편이랑 살림이나 육아를 나눠서 한다는 생각은 못 해봤어요. 매일 오전 5시 30분이면 일어나서 밥을 준비했어요. 두 아들 학교 보내고 청소하고. 낮잠 잘 시간도 없이 바빴던 것 같아요. 밤에 일찍 잔 것도 아니에요. 아이들이 학교 다닐 땐 밤 12시까지 공부하다 오니까 내가 운전해서 데리러 갔어요. 집안일도 일이지만, '일'이라고 생각하지 못했던 것 같아요. 그러다 보니 내 생활도 아이들 학교에서 오는 시간, 남편이 퇴근하는 시간이 기준이었던 것 같아요. 시댁이 경기 화성에서 농사를 지으셨는데 주말엔 가서 농사일을 도왔어요. 그때 농사일 도우려고 운전면허를 땄어요.

돈 버는 일을 안 한 건 아니에요. 동네에서 엄마들끼리 수공예 부업도 많이 했고… 여동생이 사진 현상소를 했는데 사진권을 돌며 영업을 했어요. 10년 정도 했죠. 집안일 하면서 낮에 틈틈이. 한 달에 120만 원씩 받았는데 그 돈 모아서 집도 늘려갔어요. 그런데도 인정을 못 받았어요. 남편은 전화하면 "애들은?" 하고 물었어요. 일이라기보다 그냥 동생 일 도와준다고 생각한 거죠. 그러다 IMF 외환위기가 터졌을 때 남편이 명예퇴직을 하게 됐거든요. 내가 수입이 있으니까 남편한테 걱정하지 말라며 여행을 보냈어요. 돌아와선 나 일하는 걸 보더니 남편이 "운전해줄까?" 그러더라고요. 그때 처음으로 남편이 내가 일을 한다고 인정한 것 같아요. 금 모으기 운동할 때 주부들이 정말 열심히 했잖아요. 나도 아끼던 반지를 내놨어요. 막내 올케가 스페인 사람인데 "어떻게 나라가 위기에 빠졌다고 자기가 가진 금을 내놓느냐"고 놀라워해요.

시부모님이 편찮아지시면서 아파트 옆 동으로 이사를 왔어요. 아버님이 투석을 받아야 해서 내가 운전하고 병원으로 모시고 다녔어요. 처음 10년은 한 달에 두세 번씩 안산에서 서울로, 일주일에 세 번씩 투석하신 2년 동안은 안산 병원으로. 가까이 사니까 가서 반찬도 넣어놓고 청소도 하고 그랬죠. 두 집 살림을 오래 했어요(웃음). 아버님 돌아가시고는 어머님을 집으로 모셨어요. 담도암으로 투병하시다 돌아가셨어요. 병원에 가면 딸이냐고 물어봤어요. 그렇게 15년을 했네요. 지난해 7월부턴 친정 엄마가 와 계세요. 원래 정정하셨는데 노환이 왔어요. 돌봄이 끝이 없어요(웃음). 어른들 하루 세끼 차리는 게 참 어려워요. 사실

ROYAL CANIN

나이들면 부모님을 간호하게 될 거라 생각하고 미리 요양보호사 자격증을 따놓기도 했어요. 그렇게 다 받아들이며 산 것 같아요. 힘들다고도 억울하다고도 생각하지 않고. 남편도 내가 시부모님께 하는 걸 봐서 그런지 장모한테 잘해요. 자식들에겐 기대하지 않아요. 아프면 요양병원 가야지 생각해요. 우리 세대가 그런 것 같아요. 그래도 아들이랑 며느리가 같이 일하고 살림하고 그런 거 보면 참 좋고 이뻐요.

봉사활동을 한 지는 오래됐어요. (1990년대 정부가 시작한 사업이었는데) 사할린에 강제징용됐던 분들이 안산 (임대아파트단지) 고향 마을로 이주할 때 그 가족들의 정착을 돕는 일을 했어요. 우리 집에 모셔오기도 하고… 10년쯤 하다 내가 갑자기 교통사고를 당하는 바람에 그만두게 됐어요.

2011년부터는 아름다운 가게에서 일하고 있어요. 홍보 모델로 선정돼서 전국에서 오신 봉사자분들이랑 사진을 찍기도 했는데 즐거운 경험이었어요. 그때 홍보 모델 명함을 만들어주셨는데 기분이 묘했어요. 내 인생 처음으로 명함을 받은 건데 어디 줄 곳이 없더라고요. 조금 서글펐어요.

삶을 돌아보면 가족들에게 늘 미안해했던 것 같아요. 보통 일하는 것을 경제적으로 가정에 보탬이 되느냐로 보잖아요. 돈을 벌기도 했지만 내가 주로 한 일은 일이라기보다 일상이라고 생각했어요. 친구가 할머니가 됐는데 (일하는 친구 딸을 대신해) 손녀를 5년 동안 같이 돌봤어요. 친구 딸이 "희짜 할머니(친구의 손녀가 희자 씨를 부르는 애칭)는 1등 이모님이에요. 서울 가면 한 달에 300~500만 원이에요"라고 했을 때도 정말 그럴까 했어요. 내 이름도 잘 얘기해본 적이 없는 것 같아요. 엄마들 모임 가면 20년 가까이 만나도 본명을 모를 때가 많아요. 누구 엄마라고만 부르니까.

명함을 만든다면요? 글쎄… 맏딸, 맏며느리, 총무, 요양보호사, 한식조리사, 베스트 드라이버? (웃음) 그냥 자원활동가요. 봉사는 앞으로도 계속하고 싶거든요.

아들이 저한테 상담 공부를 해보라고 해요. 엄마는 정말 잘할 수 있을 거라고요. 저랑 비슷한 연배의 사람들이 가진 아픔을 들어주고 싶어요. 늘 내 인생은 뭐였을까 생각하면 누구의 엄마, 누구의 아내밖에 없지 않나 생각했는데요. 이렇게 얘기해보니까 나도 꽤 괜찮은 사람이구나 생각하게 되네요. 지금까지 내 얘기 들어줘서 고마워요. 내가 해온 일에 대해 물어봐줘서 고마워요. 엄마 저녁 봐드리러 이만 가야 돼요. '집사람' 친구들, 우리 멋있어요. 우리 모두 수고했어요.

NAME IN HWA JUNG BIRTH 1958 COMM

IN HWA JUNG

N HWA UNG

IN HW JUN

NAME IN HWA JUNG BIRTH 1958 COMM

"일한다는 생각은 안 해봤는데 그래도 내가 집에 있음으로써 가족들이 다 편한 거라고 생각은 했어요. 나 그냥 노는 건 아니라고 생각했어요."

안녕하세요.

소통 전문가
인화정입니다.

글 쓰는 사람, 인화정

인화정 씨(64)의 집에는 일주일에 한 번 다섯 친구가 모인다. 30여 년 전 안산의 한 서예 학원에서 만난 인연들이다. 30대 여성들이 60대가 되기까지 화정 씨와 친구들은 서로의 곁에 있었다. 삶의 쓰라림과 선물 같은 기쁨들을 함께 나눴다.

함께 아이들을 키우고 김장을 하고 여행을 갔다. 예고도 없이 찾아온 인생의 어두운 터널을 지날 때 묵묵히 손을 잡아주고 따뜻한 밥 한 그릇을 나눠 먹었다. 왜 웃는지, 왜 우는지 묻지 않는다. 그저 울게 하고 웃게 했다. 흔히 우정과 의리를 남자들의 것으로 얘기하지만 화정 씨와 친구들의 연대는 자석처럼 남편들까지 따뜻한 자기장 안으로 끌어들였다. 친구들은 화정 씨를 '깊은 사람', '멋있는 사람'이라고 말한다.

화정 씨도 친구 희자 씨처럼 오랜 시간을 '집사람'이란 이름으로 살았지만, 화정 씨는 그 작은 말을 억울해하지 않는다. 스물일곱 살에 동갑인 남편과 결혼해 딸과 아들을 키웠고, 집안일과 바깥일 모두를 해냈다. 일하는 딸을 대신해 손녀딸을 밝고 건강하게 키웠다. 열일곱 어느 날 시작된 붓글씨에 대한 사랑은 여전히 키워가고 있다. 화정 씨는 시대를 탓하지 않는다. 남의 속도를 신경쓰지 않는다. 자신의 호흡대로 간다. 화정 씨와 그가 가꾼 고운 집은 친구들에게 정원이 된다.

빵 굽는 냄새가 좋은, 서로 다른 식물이 조화롭게 자라는 화정 씨의 집에서 이야기를 나눴다. 인터뷰하는 내내 햇살이 사라지지 않았다.

자기소개요? 참 난감하네(웃음). 안녕하세요. 저는 아주 좋은 라이프스타일을 갖고 있는 인화정입니다. 1958년생. 충남 예산이 고향이에요. 8남매의 막내랍니다.

어릴 적 꿈은… 막연히 영화배우가 되고도 싶었고, 그러다 고등학교 때부터 서예가가 되고 싶었어요. 고등학교 2학년 때 담임 선생님이 민태원의 '청춘예찬' 한 구절을 붓글씨로 써서 교실에 딱 붙여놓은 거예요.

"이상! 빛나는 귀중한 이상,
이것은 청춘의 누리는 바 특권이다."

그걸 보니까 너무너무 좋았어요. 이거다 싶었어요. 이걸 내가 해야 되겠다. 그게 뭔지도 모르면서 내 몸에 들어왔던 것 같아요. 예전에 어떤 피아니스트가 피아노가 자기 몸에 들어왔다고 얘기하는 걸 본 적 있는데, 맞아 나도 그랬지… 어린 나이에 나도 그런 생각을 했던 기억이 났어요.

근데 나는 시골에서 컸잖아요. 주위에 아무것도 없는 거예유. 왜 우리 집엔 붓 한 자루도 없을까 속상했어요. 밥상에 앉아서 손가락에 물을 찍어 써보기도 하고. 그러다 신문에서 학원 광고를 봤어요. 서울에 일심 서예 학원이라고 있대요. 그래서 거기에다 편지를 보냈어요. 지금 생각하니까 무슨 용기인지 모르겠어요. 나는 진짜 글을 쓰고 싶어 미치는 사람이다. 이 마음을 어떻게 하면 되겠느냐. 나를 좀 도와달라. 그렇게 썼던 것 같아요. 답장…이 오긴 왔는데, 그냥 팸플릿 한 장이었어(웃음). '어떤 과정에 수강료가 얼마다' 이렇게 적혀 있는. 당장 서울에 갈 순 없잖아요. 그래서 그냥 혼자 생각만 했죠. 그때 TV 드라마에 고은아라는 배우가 나와서 붓글씨를 쓰는 장면을 봤는데, '나도 저거 해야 해' 하고 손을 불끈 쥐고 그랬어요. 나처럼 이렇게 젊은 나이에 이런 열정적인 사람 있으면 나와봐. 나는 우리나라 최고의 서예가가 될 거야 이랬었죠.

다른 공부는 크게 재미가 없었어요. 아마 그때 붓글씨를 가르치는 대학이 있었다면 어떻게 해서라도 갔을 거예요. 없었어요. 다른 직업을 가지면 글씨를 못 할 것 같았어요. 그렇게 좋았어요. 고등학교 졸업하고 서울에 있는 셋째 언니네 집으로 갔어요. 스무 살부터 영등포에 있는 서예 학원을 다녔어요. 한 3년 정도. 붓글씨도 쓰고 펜글씨도 쓰고, 그때 차트 글씨라는 게 있었어요. 그런 걸 배웠어요. 근데 생각만큼 좋은지를 모르겠더라고요. 선생님이 스케치북에 체본(體本) 한 장 써주고 그걸 따라 쓰는 거였어요. 학원에 사람이 바글바글했어요. 한 사람 앉기에도 좁은 자리에서 글씨만 따라 쓰나 오는 기예요. 지금 생각해보면 아주 좋은 방법은 아니었던 것 같아요. 내 (글씨)체도 왼

성하지 못하고 그렇게 시간이 갔죠.

직장도 다녔어요. 대우통신 품질관리부에서 서무 일을 했어요. 각 부서에 서무들이 있었어요. 같이 모여서 계란도 삶아 먹고 놀러도 가고 그랬던 것 같아요. 일은 어렵지 않았어요. 퇴근하고 또 글씨 쓰러 가고 그랬죠. 4~5년쯤 다닌 것 같아요. 그땐 결혼하면 동시에 당연히 퇴직이었어요. 회사에 미스 신이라고 있었는데 그 친구는 적금을 못 부었어요. 언제 시집갈지 몰라서(웃음).

결혼은 스물일곱 살 때 큰언니가 중매해서 6개월 만에 했어요. 몰라요. 그냥 어영부영했어요(웃음). 뭐 따져보고 이런 것도 없었어요. 그 나이 되면 다 결혼해야 되는 줄 알았으니까. 저 사람(남편)은 그때 대학생이었고 머리 좋다, 똑똑한 사람이다 그런 얘기는 들었죠. 나 만나고 나서 금성사(현 LG)에 입사했어요. 동갑이라 처음에 결혼하곤 많이 싸웠던 것 같아.

막내라 언니들이 해주는 밥만 먹고 커서 살림을 별로 안 해봤는데 그래도 잘한다고 그랬어요. 처음엔 시행착오가 많았지. 결혼하고 처음으로 김장을 하는데 우리가 그때 단칸방에 살았거든요. 밖에 배추를 절여놓고 새벽에 아저씨(남편)가 나가서 뒤집고 그랬던 생각이 나네. 그냥 그렇게

부딪혀가며 했어요.

나는 살면서 그 순간에도 좋다는 생각을 많이 했어요. 애 키우느라 너무 힘들어, 지겨워 죽겠어, 그렇게 생각하지 않았어요. 내가 특별히 뭘 잘해서가 아니라… 난 그냥 못 하는 건 못한다고 하면서 살았어요.

큰애 낳고 구미에 있는 시댁에 갔어요. 우리 (시)어머니가 하숙을 치셨어요. 한겨울에 내가 자다가 기저귀를 마루에 내놓으면 어머니가 새벽에 싹 빨아놓고 밥도 해놓고 나가셨어요. 다른 사람들 보기엔 그냥 며느리가 일한 것처럼 보이게 하셨던 것 같아요. 나한테 '이거 해라 저거 해라' 말씀 한 마디를 안 하셨어요. 그때 진짜 감명을 받아서 어머니한테 평생 진짜 잘해야지 마음먹었어요.

잘 살았지만 마음엔 항상 글씨를 써야 하는데… 하는 마음이 꿈틀거렸던 것 같아요. 그러다 30대 후반, 애들 초등학교 다닐 때 안산 여성회관에서 하는 서예 수업을 받으러 갔어요. 거기서 좋은 선생님을 만났어요. 희자랑 우리 친구들도 만났죠.

글씨를 쓰다 보니까 더 깊이 알고 싶었어요. 내가 쓰는 글이 어디에서 왔을까. 왜 이렇게 생겼을까. 한문을 알아야지 글씨만 써선 안 되겠다는 생각이 들더라고요. 신문을 찾아보고 성균관대학교 평생교육원 고전연구반에 들어갔어요. 일주일에 세 번, 네 시간씩. 안산에서 서울 혜화동까지 지하철만 한시간 10분씩 타고 오전에 가서 애들이 학교에서 오기 전까지 배우고 왔어요. 그때 마흔한 살이었는데 꽤 젊은 편에 속했죠. 주변에 있는 사람들이 나를 키우는 거잖아요. 그때 같이 공부한 사람 중에 좋은 분들이 많았어요. 2년 과정을 수료하고 예술의 전당에서 하는 수업도 들었어요. 재밌으니까 열심히 했죠.

글 쓰는 게 왜 재밌냐구요. 글쎄… 좋은 건 원래 왜 좋은지 모르잖아요. 그냥 그런 것 같아요. 죽어도 안 되던 것이 어느 날 될 때의 희열. 약간의 한계를 조금 넘었을 때의 마음.

내 젊은 날을 표현하면 '서예에 꽂히다'라고 말할 수 있을 것 같아요. 근데 더 나아가진 못했어요. 국전(대한민국 미술대전)에서 몇 번 입선을 한 적은 있죠. 내가 할 수 있는 만큼 즐거울 만큼 하는 게 좋더라고요. 그냥 내가 쓰고 싶을 때 쓰고…. 한자 사범 자격증이 있으니까 동네에서 아이들, 우리 애들 친구들에게 한문 가르치고 그렇게 살았어요.

그러다 50대쯤 갱년기가 심하게 왔어요. 나는 이 세상에

태어나 이렇게 역할 하나 없다 가야 하나. 이런 걸 많이 고민했었어요. 뭘 어떻게 해야 할지 모르게 아프고 힘들었어요.

그때 마침 작은 피부관리숍을 좋은 가격에 인수할 수 있는 기회가 생겨서 직접 운영하게 됐어요. 손님들 상대하는 건 어렵지 않았어요. 손님들 상담도 해주고… 고맙게도 나를 좋아해줬어요. 근데 직원들 관리하는 게 어려웠어요. 한 번은 오전 10시에 예약 손님이 있었는데 담당 직원이 출근을 안 해서 문이 잠겨 있는 거예요. 부랴부랴 문 열고 전화했더니 그 직원이 "원장님 저 병원이에요. 임신 중절 수술을 했어요" 그러는 거예요. 당황스러웠지만 같은 여자로서 또 마음이 그렇잖아요. 병원이 어딘지 물어보고 찾아갔어요. 밥 사 먹이고 고기 사 먹이고… 그때가 날이 썰렁할 때였거든요. 내가 입고 있던 옷 벗어서 입히고 하루 더 쉬다 나와라 그랬죠. 돌아서 오는데… 더 쉬어야 할 텐데… 내 딸이면 내가 하루만 쉬게 했을까… 싶고 마음이 너무 안 좋더라고요.

돈은 잘 벌었어요. 하루에 현금이 300만 원씩 들어온 적도 있었어요. 근데 300만 원을 지갑에 넣고도 택시를 못 타고 마을버스를 기다렸어요. 그 추운 날. 택시 타고 싶은데 참은 게 아니라 나 혼자 택시를 탈 수 있다는 생각을 못 해본 거예요(웃음). 그래도 그땐 내가 돈을 버니까 친정이나 시댁에 돈을 드릴 때도 마음 편하게 잘 드렸던 것 같아요.

50대 후반에 할머니가 됐어요. 딸이 딸을 낳았는데 처음에 너무 힘들어했어요. 그래서 내가 주중에 데리고 살면서 손녀를 키우다 주말에만 딸이 데려가게 했어요. 딸이 직장을 다니거든요. 그렇게 다섯 살까지 제가 키웠어요. 혼자 키운 건 아니에요. 서예 학원에서 만난 우리 30년 된 친구들이랑 같이요. 다들 얼마나 우리 지우(손녀)를 이뻐해줬는지. 특히 희자는 나보다 지우를 보면서 더 행복해했던 것 같아요. 지우가 여섯 살부터 엄마한테 갔는데… 그땐 너무 허전해서 못 살 것 같았어요. 지금은 너무 좋아요. 또 다른 행복이 있더라고요. 우리 애들 클 때 남편은 그냥 퇴근하고 리모컨만 있으면 되는 사람이었는데(웃음), 손녀 생기고는 완전히 달라졌어요. 우리 지우가 가방에 스티커 붙이면 그대로 들고 회사 가요.

일을 주제로 이야기하자고 했을 때 처음엔 무슨 할 말이 있을까 싶었어요. 우리 때는 여성이 하는 일을 제대로 대우해주지 않았고, 밖에서 사냥을 해와야 일이라고 생각했으니까요. 일한다는 생각은 안 해봤는데 그래도 내가 집에 있음으로써 가족들이 다 편한 거라고 생각은 했어요. 나 그냥 노는 건 아니라고 생각했어요. 우리 아들이 출장

갔다 집에 와서 내가 지어준 밥 먹으면서 "와 이거지. 이거야. 몸이 녹는다" 그래요.

같이 한학(漢學)을 공부한 친구가 그랬어요. 누가 맹자를 찾아와서 '정치를 잘하는 게 무엇이냐'고 물었대요. 그러니까 '여민동락(與民同樂)' 하라 그래요. 내 집이 크다 하여 나만 즐기는 게 아니라 같이 즐겨야 한다고요. 그게 확 와서 박혔대요. 그 친구가 5형제 집에 맏며느리거든요. 동서들하고 잘 지내려고 친구가 그걸 배웠는데, 하루 종일 배워도 지루하지 않고 그렇게 재밌더래요. 지금 생각해보니까… 우리들이 일을 많이 했어요. 그런데 명함은 없었어요.

우리 딸 사는 거 보면 참 좋아요. 자기 하고 싶은 대로 당당하게 일하면서 잘 사는 것 같아요. 아들에게도 결혼하라는 말은 안 해요. 나는 시대를 탓하고 싶진 않아요. '집사람'으로 불리는 것에 익숙했지만 그래도 마음속에는 누구 엄마, 누구 아내보다는 나를 찾고 싶었던 게 강했던 것 같아요.

당나라 때 유종원이라는 사람이 지은 글 '종수곽탁타전'에는 이런 내용이 나와요. 곽탁타라는 아주 뛰어난 정원사가 있어요. 사람들이 그에게 나무가 잘 자라는 비결이 무엇이냐고 물었어요. 곽탁타가 그랬대요. "제가 하는 것은 아무

것도 없습니다. 나무가 천성에 따라 그 본성을 다하게 할 뿐입니다. 뿌리가 뻗으려 하면 뻗고 싶은 대로 놓아둡니다. 나무를 귀찮게 하지 않아요." 사람들은 화초를 키울 때 잘 자라나 못 자라나 자꾸 들여다보고 만져보고 흙을 바꾸고 다른 데로 옮겨 심고 하잖아요. 나무가 하고 싶은 대로 둔다는 그 말이 평생 마음에 남았어요.

60대. 나는 지금이 좋아요. 뭔가 새롭게 시작할 수 있을 것처럼 꿈틀거리는 마음이 좋아요. 글씨도 어떻게 써야 한다고 생각 안 해요. 쓰고 싶은 대로 그날의 마음을 담아서 써요. 요즘 내 마음을 글로 써봤어요. 동년배 친구들에게 보내주고 싶은 글이기도 해요.
"말도 안 되게 설렘과 벅참이 찾아올 거예요. 당신에게."

says

'집사람' 친구들,
우리 멋있어요.
우리 모두 수고했어요.

장희자 · 인화정 씨 영상 인터뷰

says

말도 안 되게 설렘과 벅참이 찾아올 거예요. 당신에게.

insight

어느 날 그들의 노동이 사라진다면

손가락을 '딱' 부딪쳐 특정 집단을 사라지게 만들 수 있는 우주 빌런이 대한민국에 상륙했다고 가정해보자. 이 빌런은 만 60세 이상의 여성들을 잠시 데려가겠다고 마음먹었다. 많은 사람이 비탄에 빠졌을 때 어떤 이들은 이렇게 생각할지도 모른다. '나이 든 여성들이 경제에 기여하는 비중이 크지 않으니 최악의 상황은 아니지 않을까?'

어떤 이들은 '숫자'와 '손실'을 따졌다. 2021년 상반기 기준 임금근로자 2064만 6569명 중 60세 이상 여성은 153만 3410명. 이들이 사라지면 노동력 7.4%의 증발이다. 이를 두고 안도하는 사람들도 있었다. 그들의 노동이 대한민국 국내총생산(GDP)에서 차지하는 비중, 면세점+ 이하 고령 여성 근로자의 수 등을 셈해보는 이들도 있었다. '세금으로 만든 노인 알바', '혈세로 만든 허드렛일' 같은 노인 노동을 향한 혐오적 시선이 낙관에 일조했다.

딱! 60세 이상 여성들이 증발하자, 대한민국은 마비됐다. '필수노동'에 종사하는 노동자 4분의 1이 사라졌기 때문이다.

+ 근로소득세를 내지 않는 소득 기준을 의미한다

필수노동은 6070 여성들이 떠받치고 있다

필수노동자 4명 중 1명은 60세 이상 여성 노동자다. 통계청 지역별 고용조사 마이크로데이터(2021년 상반기)를 분석한 결과, 전체 필수노동자 336만 7900명(임금근로자 기준) 중 60세 이상 여성은 87만 4185명(26%)이었다. 50세 이상 여성을 포함하면 그 비중은 42.1%까지 치솟는다. 전체 임금근로자에서 희미했던 고령층 여성의 존재감은 '필수노동'이라는 돋보기를 대면 놀랍도록 뚜렷해졌다.

필수노동은 코로나19 팬데믹 이후 등장한 개념이다. 재난 속에서 사회 기능을 유지하기 위해 반드시 필요하며, 일하는 과정에서 사람과의 접촉이 불가피하고 그만큼 감염병 감염 위험이 높은 업무를 뜻한다. 국민 생명과 신체를 보호하는 일, 위기 상황에서 취약계층을 지원하는 일이 주로 포함된다. 필수노동자 상당수는 재택근무 대상에 포함되지 못했고, 전염병 초기 무방비로 감염 위험에 노출됐다가 백신 개발 이후에야 우선 접종 대상으로 지정됐다. 그들을 보호하기 위해서이기도 했지만, 그들이 없으면 사회가 돌아가지 않기 때문이기도 했다. 세계 각국에서 등장한 필수노동은 Essential worker(필수 노동자), Key worker(핵심 노동자), Frontline worker(최전방 노동자) 등으로 표현됐지만 본질은 같았다.

어떤 직종이 필수노동인가. 한국에선 2021년 5월 18일 '필수업무 지정 및 종사자 보호·지원에 관한 법률'이 제정됐다. 그러나 필수노동자를 '재난이 발생한 경우 국민의 생명과 신체의 보호 또는 사회 기능의 안정적 유지를 위해 필수적인 업무에 종사하는 사람'이라고 규정할 뿐, 업종을 구체적으로 명시하진 않았다.

우리는 한국표준직업분류를 참조해 ①가사 및 육아 도우미 ②간호사 ③돌봄 및 보건 서비스 종사자 ④배달원 ⑤보건의료 관련 종사자 ⑥사회복지 관련 종사자 ⑦자동차 운전원 ⑧청소원 및 환경미화원 등 8개 직업을 필수노동에 해당한다고 봤다. 직업 선정은 2020년 12월 정부가 발표한 '필수노동자 보호·지원 대책', 서울노동권익센터와 성동구청의 연구자료 등을 참고했다+ 표준직업분류 소분류 통계를 활용하기 위해 통계청 지역별 고용조사 마이크로데이터를 분석했으며 연간 데이터는 2021년 최신 수치와 통일하기 위해 모두 상반기 자료를 활용했다.

분석 결과 필수노동자의 67.4%는 여성, 32.6%는 남성이었다. 배달원과 자동차 운전원을 제외한 모든 직업에서 여성의 비중이 압도적으로 높았다. 여성 비중이 가장 높은 직

+ 필수노동의 범위는 고용노동부 '필수업무 지정 및 종사자 지원위원회' 심의 결과에 따라 달라질 수 있다

성별 · 연령별 임금근로자 및 필수노동자 현황

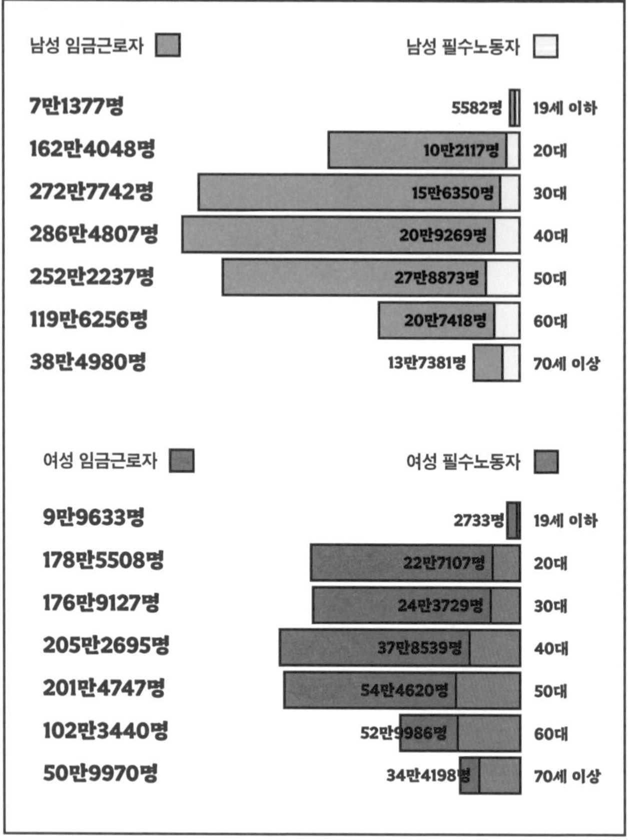

출처: 통계청 지역별 고용조사 2021년 상반기 마이크로데이터

필수노동: 6차 한국표준직업분류 중 ① 가사 및 육아 도우미 ② 간호사 ③ 돌봄 및 보건서비스 종사자 ④ 배달원 ⑤ 보건의료 관련 종사자 ⑥ 사회복지 관련 종사자 ⑦ 자동차 운전원 ⑧ 청소원 및 환경미화원을 필수노동으로 분류함

업은 가사 및 육아 도우미(98.2%)였고 간호사(94.7%), 돌봄 및 보건 서비스 종사자(93.8%), 보건의료 관련 종사자(91.4%) 순이었다. 고령층 여성의 비중은 특히 두드러졌다. 전체 필수노동자를 연령대별로 줄 세웠을 때 50대 여성(16.2%), 60대 여성(15.7%), 40대 여성(11.2%), 70대 이상 여성(10.2%) 순으로 비중이 높게 나타났다. 필수노동은 여성들이, 고령층 여성들이 떠받치고 있다 해도 과언이 아니었다.

고령층 여성 필수노동 키워드는 청소와 돌봄

고령층 여성은 더 빠른 속도로 필수노동에 유입되고 있다. 60대 이상 여성 임금근로자 중 필수노동자가 차지하는 비중은 2017년 51.9%에서 2021년 57%로 증가했다. 임금을 받고 일하는 고령층 여성 10명 중 5명이던 필수노동자가, 6명으로 늘었다는 뜻이다.

필수노동 안에서도 6070 여성의 비중이 높아지고 있다. 필수노동자 중 60세 이상 여성 비중은 2017년 18.9%에서 2021년 26%로 늘었다. 특히 70세 이상 여성 필수노동자가 급격히 늘고 있다. 70세 이상 여성 필수노동자는 2017년 17만 897명에서 2021년 34만 4198명으로 101.4% 증가했다. 저출생 · 고령화 속도를 감안하면 '필수노동 고령 여성화'는 더욱 가팔라질 수 있다.

이는 고령 여성의 노동시장 진출 확대와 무관치 않다. 일하는 고령층 여성의 규모는 이미 젊은 세대를 뛰어넘은 지 오래다. 통계청 경제활동인구조사를 보면 60세 이상 여성 취업자(203만 4000명)는 2019년부터 20대 여성 취업자(191만 7000명)를 넘어섰다. 1963년 통계 작성 이후 처음이었다. 65세 이상 여성 취업자(124만 6000명)가 25~29세(115만명)를, 70세 이상 여성 취업자(71만 8000명)가 20~24세 여성 취업자(69만 7000명)를 모두 2020년에 제쳤다. 고령 여성 노동자가 꾸준히 늘며 격차는 계속 벌어지고 있다.

필수노동 세부직업별로 보자. '가사 및 육아 도우미'는 필수노동 8개 직업 중 60대 여성의 비중이 가장 높다. 전체 가사 및 육아 도우미의 56.3%(60대 46.5%, 70대 이상 9.8%)가 고령층 여성이었다. '청소원 및 환경미화원'도 60대 이상 여성 노동의 비중이 높은 직업이다. 전체 청소원 및 환경미화원의 54.6%(60대 25.7%, 70대 이상 28.9%)가 고령층 여성이었다. '돌봄 및 보건 서비스 종사자' 역시 고령층 여성 비중이 38%로 6070 여성 의존도가 높은 직업군에 속했다.

과거 데이터를 들여다보면 필수노동의 고령화는 더 생생하게 드러난다. 2017년에는 50대 여성(42.8%)이 가사 및 육아 도우미에서 차지하는 비중이 가장 컸는데 2021년에

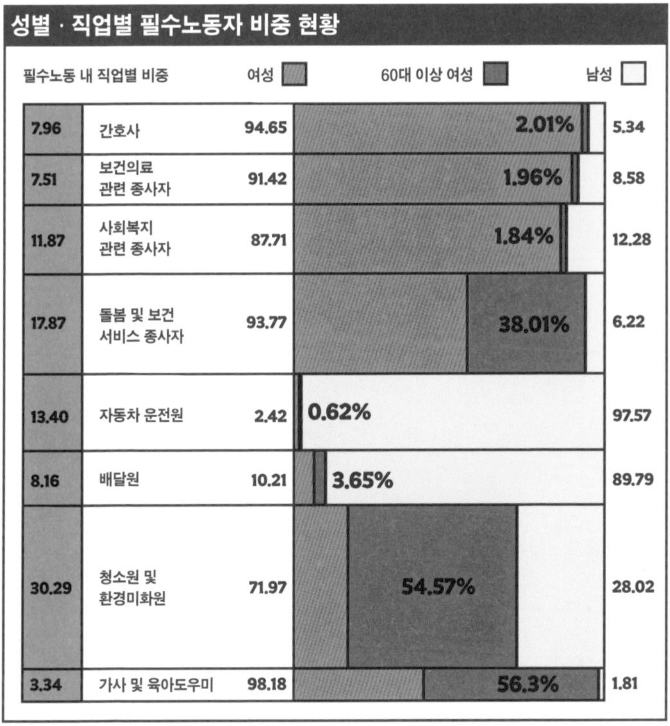

단위: %, 명, 출처: 통계청 지역별 고용조사 2021년 상반기 마이크로데이터

는 60대 여성(46.5%)이 그 자리를 차지했다. 돌봄 및 보건 서비스 종사자의 50대 여성 비중은 2017년 38.1%에서 2021년 35.9%로 떨어진 반면, 60대 이상 여성 비중은 31.1%에서 38%로 늘었다. 청소원 및 환경미화원은 특히 70대 이상 여성의 비중이 높은 직업군이다. 70대 이상 여성 청소원 및 환경미화원은 29만 4493명(28.9%)으로 전 연령대 남성 청소원 및 환경미화원 28만 5885명(28%)보다 많았다.

간호사는 20대 여성(31.2%), 배달원은 40대 남성(24.9%), 사회복지 관련 종사자는 40대 여성(31.8%), 자동차 운전원은 50대 남성(36.4%)이 각 직업군을 대표하는 연령대였다.

예전보다 더 많은 고령층 여성 노동자, 그 노동의 대부분은 필수노동인 상황이 2021년 고령층 여성 노동의 현재이자 미래다. 더 많은 노동은 더 다양한 노동을 의미할까. 고령층 여성의 노동이 보편화되면 이들의 노동 여건도 나아질까. 아직까진 현실과 거리가 먼 관측이다.

이름은 '필수적' 노동, 대접은 '선택적' 사용

필수노동 전반이 대접받지 못하며, 홀대는 성별을 가리지 않는다. 전체 임금근로자에서 76.5%(남성), 64.9%(여성)이던 상용직 비중은 필수노동에서 각각 60.5%, 58.9%로 떨어졌다. 반면 임금근로자에서 15.7%, 31.1%이던 임시직 비중은 필수노동에서 31.9%, 37.7%로 올랐다.

특히 청소원 및 환경미화원은 블랙홀처럼 고령층 여성들을 빨아들이고 있다. 50대 여성 임금근로자 중 청소원 및 환경미화원은 6.8%지만, 70대 여성에서는 57.7%다. 70대 여성이 두 번째로 많이 종사하는 직업군은 '기타 서비스 관련 단순 종사자'(8.9%)였는데, 이는 구두미화원 · 심부름원과 재활용품 분류원 등을 포함하는 직업군이다. 돌봄 및 보건 서비스 종사자도 50대 10.5%에서 60대 18.8%로 증가한다. 남녀 모두 나이가 들수록 직업 선택의 폭이 좁아지는데, 여성의 일자리는 특히 '청소 · 돌봄'으로 좁아졌다.

청소원 및 환경미화원은 또 다른 의미의 블랙홀인데, 그것은 불안정 · 저임금의 수렁을 의미한다. 청소원 및 환경미화원에서 가장 큰 비중을 차지하는 70대 이상 여성의 근로조건은 특히 열악하다. 70대 이상 여성 청소원 및 환경미화원 중 상용근로자 (고용계약기간이 1년 이상인 사람 등을 의미한다) 비중은 3.6%, 임시근로자(고용기간이 1개월 이상, 1년 미만인 사람 등) 비중은 92.7%였다. 전체 청소원 및 환경미화원은 주 평균 26시간 일했고 112만 6000원을 받았는데, 70대 이상 여성 청소원 및 환경미화원은 주 평균 14시간 일하고 월평균 47만 7000원을 받았다. 그만큼 일자리의 질이 불안정하고 임금 수준이 열악하다는 뜻이다.

돌봄 노동도 고되기는 마찬가지다. 고령층일수록 임금이 줄고, 일자리가 불안정해지는 것은 가사 및 육아 도우미, 돌봄 및 보건 서비스 종사자에서도 비슷했다. 통계에서 보이지 않는 현장의 실태는 더 열악하다. 김용연 서울시의원이 서울시에서 받은 '서울시 필수노동자(보건 · 의료 · 돌봄 종사자) 현황 및 근무환경 실태조사' 용역 보고서를 보면 과도한 업무량, 고용불안, 저임금과 휴게시간 부족,

감염 위험 방치, 방역물품 지원 부족, 지나친 서비스 요구, 성희롱 · 성추행 · 언어폭력 등이 고령층 여성이 주로 종사하는 돌봄 노동 직종의 일상으로 지목됐다.

누군가를, 어떤 곳을 보살피는 일에는 큰 스트레스가 동반된다. 고령층 여성의 필수노동을 모두 고강도 정신노동이자, 육체노동이라 일컫는 이유다. 아기를 업고 달래거나, 누워 있는 환자를 일으켜 세우거나, 쓰레기를 줍고 나르거나, 계단을 쓸고 닦으며 수차례 오르내리면서 그들의 관절은 젊었을 때보다 더 빠른 속도로 마모된다. 인격적 모욕, 성희롱, 의심과 하대가 비일비재하다는 건 굳이 연구용역이나 설문조사로 확인하지 않아도 익히 알려진 사실들이다.

이들의 노동은 충분히 보호받고 있을까. 산업재해를 인정하는 사업장은 극히 드물며, 신청 절차를 몰라 아예 신청 자체를 하지 않거나, 그냥 내 돈을 내고 병원을 찾는 이들이 대부분이다. 일에 지친 손목, 허리, 무릎, 어깨 등의 아우성이 '근골격계 질환'으로 묶여 취급되면, 노동은 지워지고 세월만 남는다. 일하다 다치거나 아프더라도 '늙으면 다 그래'라는 자조와 편견 탓에 고령층 여성들의 필수노동은 충분히 보호받지 못한다.

임금근로자 · 필수노동자 청소원 및 환경미화원의 임시 일용근로자 비율

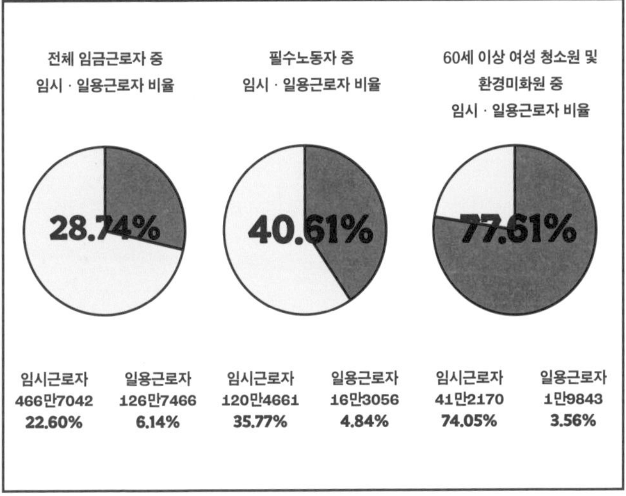

출처: 통계청 지역별 고용조사 2021년 상반기 마이크로데이터

어느 날 그들의 노동이 사라진다면

어느 날 정말 60세 이상 여성들이 사라진다면 어떻게 될까. 다시 '숫자'로 보자. 가사 및 육아 도우미와 청소원 및 환경미화원의 절반이, 돌봄 및 보건 서비스 종사자 10명 중 4명이 사라지게 된다. 6만여 명의 가사 및 육아 도우미가 출근하던 가정에서, 22만여 명의 돌봄 및 보건 서비스 종사자가 일하던 요양병원과 복지시설에서, 55만여 명의 청소원 및 환경미화원이 오가던 사무실과 길거리에서 분주히 움직이던 손과 발이 없어진다는 뜻이다. 가사보조원, 육아도우미, 요양보호사, 간병인, 장애인 활동 보조인, 노

인 생활 관리사, 방과 후 아동돌봄 종사원, 산후조리 종사원, 사무실 · 아파트 · 호텔 · 병원 청소원, 쓰레기 · 재활용품 수거원, 거리 미화원… 필수노동 네 글자에 담긴 그들의 역할이다.

그들의 노동이 사라졌을 때 우리가 마주할 혼란은 어떤 것일까. 인간다운 삶, 기초적 생활, 위생적 환경, 노동할 수 있는 자유, 몸과 마음의 건강이 근간부터 흔들릴 수밖에 없다. 가사 · 육아의 공백은 많은 부모의 경제활동을 중단시키며, 돌봄 노동의 공백은 간병이 필요한 환자와 거동이 불편한 노인을 생존의 위기로 내몰기 때문이다. 청소의 공백으로 일상 공간이 방치되고 위생 문제가 누적되면서 방역과 보건에도 비상이 걸릴 수밖에 없다. 지하철 손잡이를 닦던 이들, 화장실 세면대 물기를 훔치는 이들, 쓰레기통을 비우던 이들, 사무실 창문을 열고 계단을 쓸던 이들이 사라지고 나타날 일들이다.

그 공백은 사회를 멈춰 세우고도 남을 만큼 크지만, 그만큼 중요한 그 노동은 너무도 값싼 비용으로 유지돼왔다. 모두가 꺼리는 적은 임금, 열악한 근무환경, 불안정한 일자리, 감염 위험, 직업을 낮잡아 보는 인식을 고령층 여성들이 감수해온 덕에 이 사회가 유지됐다. '반찬값이라도 벌어야 하니까', '애들한테 폐 끼치기 싫으니까', '우리 집엔 내가 없으면 안 되니까'라는 마음으로, 마치 집을 꾸리고 지켜온 것처럼 고령층 여성들은 이 사회를 꾸리고 지켜온 것이다.

코로나19 이후 필수노동자들의 처우는 조금 나아졌을까. 법은 만들어졌지만 달라진 건 없다. 2021년 11월부터 필수업무 지정 및 종사자 보호 · 지원에 관한 법률이 시행됐지만 아직(2022년 3월 기준) 필수업무 범위조차 정해지지 않았다. 정치권을 중심으로 논의만 무성했던 '필수노동 보호 방안'은 누구를, 무엇을, 어떻게 같은 기초적인 질문에서부터 막힌 상태다.

수십 년 동안 묵묵히 궂은일을 도맡아온 여성들이 제대로 된 처우를 받기 위해서 우리에겐 얼마나 큰 충격이 필요한 것일까.

남존여
페미니

비에서
즘까지

YOON SOON JA

NAME YOON SOONJA BIRTH 1954 OWNER

“일하는 여자가 되어라”

안녕하세요.

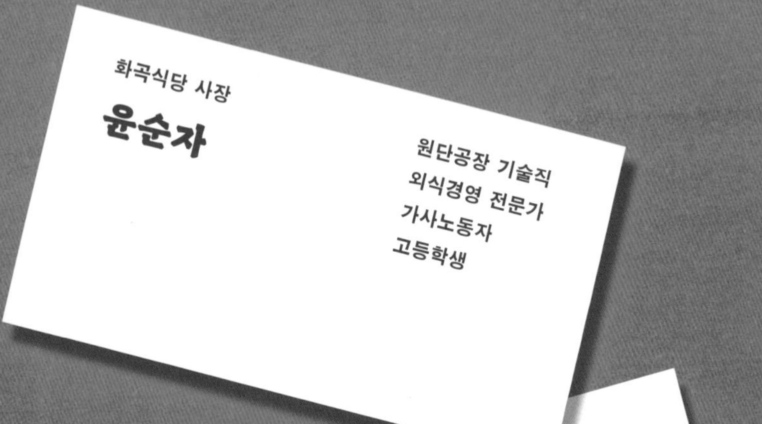

화곡식당 사장 윤순자입니다.

딸들에게 전하는 순자 씨의 진심

윤순자 씨(68)는 고3이다. 올해 고민 중 하나는 '고3답게' 수능이다. 수능을 볼까 말까. 대학에 갈까 말까. 올가을쯤 결정할 생각이다. '60대답게' 중요한 결정을 앞두고 서두르지 않는다. 인생의 많은 것이 얼마나 느닷없이 결정되는지 순자 씨는 안다.

순자 씨는 32년 동안 운영한 식당을 2014년 정리하고 공부를 시작했다. 검정고시를 통과해 전남여자고등학교 부설 방송통신고에 들어갔다. 공부하느라 머리에 쥐가 날 것 같지만 돈 떼먹는 손님들 붙잡으러 뛰어다니는 것보단 영어, 컴퓨터 때문에 머리 아픈 게 낫다. 순자 씨에게는 딸이 셋 있다. 평생의 꿈이었던 공부를 시작한 순자 씨는 '대학생'이 되어 '일하는 여자'가 된 딸들의 삶이 자신의 삶과 얼마나 다른지 알고 싶었다.

함께 식당을 운영했는데 아빠는 '사장님'이고 엄마는 '사모님'이었다. 더 많은 일을 한 건 엄마였는데, 명함도 집도 아빠의 이름이었다. 왜 그랬을까. 순자 씨의 셋째 딸 마혜원 씨(36)는 뒤늦게서야 이런 고민을 하기 시작했다. 일터에서 고통스러운 경험을 하고 직장을 그만둔 후였다. 엄마는 어떻게 그 긴 시간을 버텼을까. 엄마처럼 살지 않겠다고 입버릇처럼 말하던 혜원 씨는 글을 쓰기 시작했다. 글감은 늘 일하던 엄마였다. 혜원 씨는 늘 지쳐 보였고 자주 화를 냈고 가끔은 금방이라도 무너져 내릴 듯 위태로워 보였던 엄마의 모습에서 자신의 모습을 발견했다.

순자 씨와 혜원 씨를 만나, 서로의 노동을 바라보는 엄마와 딸의 이야기를 들었다. 1954년생 순자 씨와 1986년생 혜원 씨는 여성노동자 대 여성노동자로 이야기를 주고받았다. 남존여비 시대부터 페미니즘 시대까지, 두 여성이 그려온 노동의 궤적은 다른 듯 겹쳐졌다. 순자 씨의 이야기부터 시작한다.

전라남도 화순 운곡마을에서 2남 5녀 중 넷째로 태어난 순자 씨는 못 배운 것이 늘 한이었다. '딸들은 학교에 안 보내는 것이 당연한 시대였고, 동네 (여자)친구들도 다 국민학교만 다녔기 때문에 괜찮다'고 생각했다. 순자 씨의 생각은 국민학교 졸업 후 50여년 간 다양한 노동을 경험하며 바뀌었다. "가게(식당)를 전남도청 앞에서 했거든요. 도지사님도 오시고… 공무원들도 오고. 그런 사람들 상대하니까 주눅이 들었어요. 사람들은 내가 중학교, 고등학교는 나왔겠지 생각할 것 같았으니까."

순자 씨는 국민학교 졸업 후 곧바로 돈 버는 일을 시작했다. 14~15세 때는 동네에서 저수지를 만드는 곳에 가 심부름하고 밀가루를 받아 죽을 쒀먹었다. 2년쯤 뒤엔 큰오빠와 함께 광주에서 자취를 시작했다.

오빠는 학교에 다니고 순자 씨는 작은 공장에 다니며 오빠의 학비를 벌었다. "꿈 같은 것은 없었고, 아버지가 일찍 돌아가셨기 때문에 오빠 뒷바라지해야 되는 줄 알았지." 순자 씨는 20대에 당시 광주에서 가장 큰 규모였던 원단공장(일신방직)에 다녔다. 3교대로 근무해서 힘들었지만 그만둔다는 생각은 안 했다. 이건 해야 된다는 생각밖에 없었다. 순자 씨는 "그때는 오빠가 잘되면 우리도 괜찮겠지 했는데 그게 아니었다"며 "지금 돌아보니 내가 잘되고 바야 한다"고 말했다.

스물다섯. 순자 씨는 중매로 결혼했다. "집에서 1원도 안 받고 내가 번 돈"으로 결혼했다. 결혼 후 7개월 동안 남편 고향인 곡성에서 시부모와 함께 살았다. 순자 씨는 "돈도 못 버는 것이 밥만 한 그릇씩 먹는다"고 시어머니에게 혼났다. 배가 고팠던 그는 밥 많이 먹는다는 구박을 피하기 위해 밥을 꾹꾹 눌러 담았다. "(시어머니가) 반찬을 워낙 맛있게 만들었다"며 웃으면서도 그때 느낀 서러움은 지금도 생생하다고 했다.

순자 씨는 이후 장사를 시작한 남편을 따라 다시 광주로 가서 일을 시작했다. 첫아이를 임신해 만삭이 된 때였다. 1982년 자신의 고향인 화순과 남편의 고향 곡성에서 한 글자씩을 따 '화곡식당'이라는 고깃집을 열었다.

함께 식당을 했지만 "남편의 일은 고기를 가져오고 자르는 것", 직원들 관리부터 세금 업무까지 그 외 식당 운영 전반은 모두 순자 씨 몫이었다. 추석과 설에 이틀씩 1년에 나흘만 쉬었다. 새벽 5시에 나와 다음날 새벽 1시까지 일할 때도 있었다. 주방장, 직원들에게 뒤통수를 맞기도 했고 외상값을 받으러 여기저기 뛰어다녔다. 식당은 잘됐다. "나는 손이 커서 반찬 쬐간씩 주는 게 싫더라고요. 그니까 사람은 항시 많았어요." 엄마, 아내, 며느리, 식당 주인이라는 네 겹의 역할이 충돌할수록 순자 씨의 노동 강도는 높아졌다. 점심 장사를 마치고 식당 내실에서 자는 쪽잠이 유일한 휴식일 만큼 바쁘게 살았지만, 허무함이 밀려왔다. 지나고 보니 '내 것'은 없었다.

순자 씨가 학비를 대준 오빠는 교장 선생님이 돼 사회적 존경을 받았지만 그건 오롯이 오빠의 것이었다. 가게 명함도 집 명의도 남편의 것이었다. 순자 씨는 남편에게 인감증명서를 떼어주지 않으면 이혼하겠다고 선포하고, 집을 공동 명의로 바꿨다.

공부를 못 한 게 한이었던 순자 씨는 "우리 딸들 통장에 돈은 못 꽂아줘도 머리에는 넣어주고 싶다"는 생각으로 일했다. 세 딸에겐 "대학생이 돼라", "일하는 여자가 돼라"고 잔소리를 했다. 딸들은 나처럼 힘들게 살지 않았으면 하는 마음. 그게 순자 씨의 원동력이었다.

혜원 씨도 순자 씨의 잔소리를 기억한다. 어린 시절 기억 속, 엄마는 같은 말을 하고 또 하는 사람이었다. "가족끼리도 보증 서주지 마라.", "나갈 때 가스 불 잠가라.", "견과류 먹어라." 큰언니가 대학에 갔을 무렵부터는 "꼭 일하는 여자가 되어야 한다"는 말이 추가됐다. 당시 고등학생이었던 혜원 씨는 내심 코웃음을 쳤다. "엄마는 평생 일하고도 이름 하나 남기지 못했잖아. 나는 엄마처럼은 살지 않을 거야." 다방과 사우나, 주변 인쇄소를 오가며 사람들과 어울렸던 아빠와 달리 엄마의 활동 반경은 화곡식당이라는 작은 공간이 전부였다. 혜원 씨는 더 넓은 세상으로 나아가고 싶었다.

2005년, 혜원 씨는 광주의 한 국립대 토목공학과에 입학했다. "여자가 공무원 하기 좋다"는 엄마 얘기를 듣고 선택한 전공이었다. 혜원 씨는 졸업 후 공기업 기술직으로 입사했다. 급여 수준도 좋고 고용안정성도 높은 좋은 일자리였다.

먼저 대학에 간 두 언니처럼 유아교육을 전공해 자매들끼리 유치원을 하라던 아빠는 막내딸이 '남자들의 직업'을 가진 것을 뿌듯해했다. '일하는 여자'가 된 혜원 씨의 하루하루는 생각과는 달랐다. 남성 위주 조직문화가 강하게 남아 있던 회사에서 혜원 씨는 모난 돌이 되지 않기 위해 애썼다. "남자 신입을 원했다"는 선배들에게 "이 회사에 들어오려고 재수까지 했다"며 너스레를 떨었다. 맥주병을 숟가락으로 따며 '소맥'을 말았다. 성희롱으로 신고할 법한 상사의 농담도 '쿨하게' 넘겼다. 혜원 씨는 "남자들만의 문화를 불편하지 않게 넘기는 여자 직원이 되는 것이 조직에서 살아남는 길"이라고 믿었다.

차별과 불합리는 노력으로 해결되지 않았다. 공사 현장의 토목 감독으로 일하면서 상황은 더욱 심각해졌다. 남자 감독이 자리를 비우면 작업자들은 젊은 여성인 혜원 씨에게 "아가씨"라고 부르며 지시를 무시했다. 보완 사항을 얘기하면 삽을 집어던지며 욕설하는 사람도 있었다. 누구에게도 말하기 어려운 일들이 쌓여갔다. 혜원 씨는 "내가 남자였어도 이런 일을 경험했을까 생각했지만, 이게 자격지심인지 아닌지 말해줄 사람도 없었다"고 말했다. 혜원 씨가 일하는 업계에서 여성은 너무나 소수였기 때문이다. 입사 4년 만에 혜원씨는 퇴사를 선택했다.

비슷한 시기 순자 씨도 식당 문을 닫았다. 혜원 씨의 친구가 와서 순자 씨의 마지막 영업을 사진으로 남겨줬다. 식당을 그만두고 우울증이 심하게 왔다. 공황장애도 왔다. 식당을 할 때는 인생이 긴 줄 알았는데 뒤돌아보니 너무 멀리 와버린 것 같았다. 내 인생이 가게만 하다가 이렇게 끝나는구나… 서글프고 서러워서 큰사위와 통화하며 울었다.

그 무렵 들려온 셋째 딸 혜원 씨의 퇴사 소식도 충격이었다. 순자 씨는 딸이 어렵게 들어간 회사를 그만두려 하는

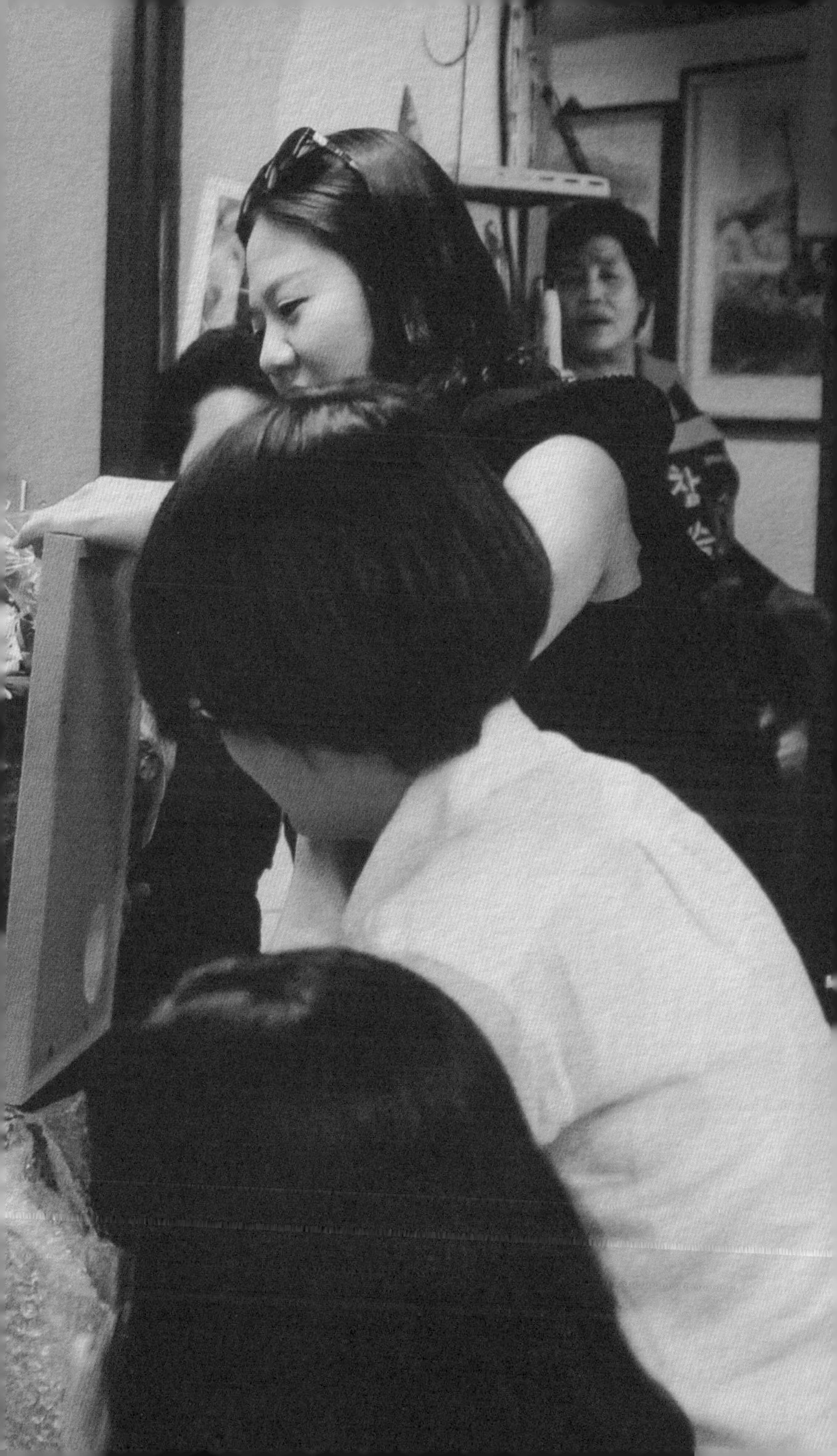

혜원 씨 형제들은 32년 만에 '은퇴'를 하게 된 순자 씨에게 표창장과 꽃바구니를 전달했다. 혜원 씨 친구가 찍은 사진으로 기념 앨범도 제작했다.

화곡식당 영업 마지막 날,
가족들은 그동안의 희로애락이
고스란히 담긴 가게 앞에서 기념
사진을 남겼다.

이유를 정확히 알 수 없었다. 그래도 일을 할수록 한계에 몰리는 기분은 누구보다 잘 알았다. "앉아 있으면 계속 눈물이 나고 숨이 막히고 화가 나. 당장 내일 무슨 일이 일어날지 모르니 너무 힘들어." 혜원 씨의 말을 가만히 듣던 순자 씨가 조용히 입을 뗐다. "너 우울증이구나. 그래 그만둬. 엄마가 몰라줘서 미안해." 혜원 씨는 그때를 "우울이 우울을 알아봤다"고 표현한다.

매일의 노동에서 벗어난 순자 씨는 공부를 시작했다. 큰마음 먹고 시작했지만 "머리가 딱 닫힌 상태에서 공부할라니까 머리가 쪼개져불 지경"이었다고 했다. 매일 울다가 2주 만에 포기하려고 검정고시 학원 사물함에 물건을 가지러 갔는데, 같이 공부하던 사람들이 이번 고비만 넘겨보자고 했다. 그만둔다고 하면 자식들, 남편 보기도 민망할 것 같아 다시 힘을 냈다. 순자 씨는 중학교 검정고시에서 수학 100점, 국어 80점을 맞았다. 사위들이 과외 선생이 되어줬다.

순자 씨에게 공부는 즐겁고 어렵다. "방통고 뒷자리에 앉은 언니 이름도 순자야. 나랑 같아. 알고 보니 그 언니하고 나하고 일신방직을 같은 시기에 다녔더라고." 순자 씨는 공장에 다닌 것이 왠지 부끄러워 오래 숨겼지만 이제 달라졌다. "(순자) 언니가 (그때 우리가 다닌 곳이) 시험 봐서 들어가던 회사라고 하더라고. 광주에서 제일 큰 회사였을 거예요."

순자 씨는 공부하고 글을 쓰기 시작하면서 자신의 삶을 긍정하기 시작했다. 컴퓨터를 배운 뒤 A4용지 여러 장에 자신의 인생을 써보기도 했다. "언젠가 한번은 내가 살아온 얘기를 책으로 만들어 애들한테 주고 싶다"고 생각한다.

순자 씨가 공부로 우울의 시간을 통과한 것처럼 혜원 씨도 글을 쓰며 자신의 상처를 치유해갔다. 서울에 새 직장을 구하고 결혼을 한 혜원 씨는 여성 심리와 우울증을 다루는 독서 모임에 가입해 일주일에 한 편씩 글을 썼다. 자연스럽게 엄마가 글감으로 떠올랐다. '엄마를 쓰는' 마음은 처음엔 원망이었다가 미안함으로 뒤엉켰다. 직장 상사의 성희롱 발언에 괴로워하던 자신의 모습에서 성희롱과 폭언을 일삼는 손님을 상대하던 엄마의 모습이 겹쳐졌다.

"엄마는 어떻게 맨정신으로 살 수 있었을까. 저는 제가 엄마보다 인내심이 좋은 사람인 줄 알았는데 아니더라고요. '나는 엄마처럼 살지 않겠다'가 아니라 애초에 엄마처럼 사는 일이 엄두조차 나지 않았던 건 아닐까. 불안을 물려주지 않으려 나름의 방법으로 고군분투했을 나의 어른들. 옛날로 돌아가면 나를 숨 막히게 꼭 안던 엄마를 나도 함께 꼭 안아주고 싶어요."

엄마의 시간과 딸의 시간은 얼마나 달라졌을까. 어린이집 원장인 순자 씨의 첫째 딸은 두 아이를 재우고 늦은 밤 일터로 다시 향한다. 남편의 해외 발령 때문에 '전업맘'이 될 수밖에 없었던 둘째 딸은 10년 동안 다닌 직장을 그만두면서 눈물을 보였다. 엄마와는 다르지만, 쉽지 않아 보이는 언니들의 일과 육아를 보며 혜원 씨는 아이를 가질 엄두를 내지 못한다. 2021년 통계청이 발표한 '기혼여성의 고용현황'을 보면 경력 단절 여성 수는 3년째 줄고 있다. 그러나 15~54세 기혼여성 6명 중 1명은 경력 단절 상태고, 사유의 압도적 1위(43.2%)는 육아다.

딸들이 번듯한 직장을 갖고 남편 앞에서도 당당하게 살길 바랐던 순자 씨는 딸들에게 "여자는 일을 해야 한다"면서도 "아이 하나는 꼭 낳아야 한다"고 말한다. 그러면서도 "둘 이상은 너무 힘드니 하나만 낳으라"고 한다. 아들이 있어야 한다는 압박 속에 혜원 씨가 태어나고, 순자 씨는 9년 뒤에 막내아들을 낳았다. 충돌하는 것처럼 보이는 순자 씨의 조언은 일과 돌봄 사이에 있는 많은 여성의 고민을 보여준다. 혜원 씨는 여전히 고민이 많지만, 이제 '일하는 선배'로서 엄마의 진심을 읽을 수 있다.

순자 씨는 가끔 식당을 할 때 손님들이 회식하던 장면이 떠오른다. 회식 자리에 앉아 있던 여성들은 힘들어 보였다. "남자들은 집에 들어가면 자기 몸만 씻으면 끝나지만, 여자들은 집에 들어가면 집안일이 또 시작이니까…" 싶기도 하다. 직장에서 스트레스를 받아 나쁜 선택을 하는 젊은 사람이 많다는데 자식들이 괴롭힘을 당하진 않는지 걱정도 된다. 엄마는 딸들의 시간이 자신이 통과해온 날들보다는 조금 더 평안하길 기도한다. 딸들에게 잔소리는 했지만 사실 진짜 해주고 싶은 말은 이거다.

"재밌게 살고, 힘들게 살지 마. 살아보니까 인생이… 그렇게 길지가 않아."

혜원 씨는 인터뷰 후 다음과 같은 편지를 보내왔다.

인생에서 신기한 일들을 마주하게 되면 저는 항상 이런 생각을 해요. "이 문을 지난 이후 나는 어떻게 변해 있을까." 더불어 이런 생각도 합니다. "이건 분명 나의 많은 부분을 바꿔놓을 일이야." 취업을 앞두고, 결혼을 앞두고도 그랬답니다.

처음 기자님의 연락을 받았던 그날로부터 짧지 않은 시간이 지나갔어요. 생각해보니 그날 저는 위의 두 생각을 모두 떠올렸던 것 같아요. "이 제안을 받아들이게 된다면 나의 인생은 어떤 흐름에 올라타게 될까. 이건 사소한 일이 아니야."

제 글을 사소하지 않은 글로 다시 봐주셔서 감사하다는 말씀을 드리고 싶었어요. 덕분에 나의 뿌리에 눈을 돌리게 되었고 허리를 숙여 발바닥 어디쯤을 천천히 만져보게 되었어요. 자연스레 엄마의 이야기를 듣게 되었고 그 과정은 저에게 위로를 주었어요.

제 마음에는 어느 정도 엄마를 원망하는 마음이 있었답니다. 원하지 않아도 남들보다 많은 걸 보고 느끼는 아이였던 저에게 엄마가 마구 쏟아내는 감정들은 항상 버거웠어요. 그러면서 지워지지 않는 흉터 같은 것들이 남았던 것

같고요.

엄마와의 인터뷰가 저에게 엄마를 조금 이해하게 되는 계기가 되었습니다. 딸과 엄마의 관계는 종결이 없는 것 같아요. 항상 해피 엔딩일 수는 없고 말이지요. 분명 둘 중 하나는 더 사랑하고 그만큼 더 참아주고 있을 테니까요. 그 사실을 알게 된 상대방은 뒤늦게 깨닫게 되고 항상 더 많이 슬플 테니까요.

저는 엄마가 나를 많이 사랑한다는 사실을 더 늦지 않게 알게 되어 얼마나 배가 부른지 몰라요. 무엇보다 엄마의 최선을 다했다는 사실을 알게 되어 엄마의 모든 것을 용서할 수 있는 마음이 되기까지 했습니다. 어느 것 하나 마음대로 되지 않았던 수십 년의 시간을 지나오던 엄마는 도대체 무슨 힘으로 버텨왔을까. 그날 이후 곰곰 생각해 보았습니다.

어떻게 보면 엄마는 본인이 가진 자갈, 바위, 돌이 섞인 미운 흙들을 온몸으로 고르고 골라 고운 흙만 저에게 주고 싶었던 게 아닐까요. 장갑조차 낄 틈 없이 맨손으로 고르고 골라내느라 상처투성이가 되어버렸는데. 저는 엄마의 상처를 보려 하지 않고 내가 물려받은 흙들이 아직도 너무 거칠다고 불평만 했어요.

곱고 예쁜 흙들을 남겨주고 싶었는데 자식들에게 쥐어준 흙이 아직도 부끄럽고 미안한, 그게 일하던 엄마들의 마음이 아닐까 감히 가늠해봅니다.

저는 다시 제 발밑을 맨손으로 만져봅니다. 돌 하나 만져지지 않아요. 아직 거칠지만 제가 고르고 골라 다음 아이들에게는 더 고운 흙을 줄 수 있지 않을까 기대해봅니다. 엄마의 손에 났던 상처보다 제 손에는 상처가 덜하겠지요. 저 대신 상처를 독차지한 엄마를 더 사랑해줘야겠어요. 이 마음을 알게 해주셔서 감사합니다.

says

재밌게 살고, 힘들게 살지 마.
살아보니까 인생이
그렇게 길지가 않아.

insight

달라진 것과 달라지지 않은 것

"어머니 세대라면 몰라도, 요즘 성차별이 어디 있나."

노동시장 성차별을 이야기하면 어김없이 이런 반응이 따라온다. 남성을 추월한 여성 청년(25~29세) 고용률, 사회 각 분야에서 여성들이 거둔 성취는 이들의 말에 힘을 싣는 것처럼 보인다.

우리가 만난 1980~1990년생 딸들도 비슷한 생각을 가지고 취업 전선에 뛰어든다. 남자들보다 더 노력하고, 더 일을 잘하면, 능력을 인정받을 수 있지 않을까. 기대는 오래지 않아 깨진다. 일하는 여성이 '기본값'이 됐지만 일터를 움직이는 건 여전히 남성이다. 일과 가정의 양립은 아직도 여성의 어깨를 더 무겁게 누르고 있다.

엄마와 딸의 노동은 무엇이 달라졌고, 무엇이 달라지지 않았을까. 1954년생 엄마와 1986년생 딸들의 교육, 취업, 결혼, 고용 단절 등을 보여주는 각종 지표를 통해 30년에 걸친 여성 노동의 변화를 되짚어봤다. 일하는 여성들이 경험하는 차별은 한국 산업구조의 변화와 맞물리며 더 복잡해졌다.

'결혼'이 곧 '퇴직'의 동의어였던 시대

1954년생 순자 씨가 '월급받는 일'을 시작한 것은 1960년대 후반이다. 국민학교를 막 졸업하고는 전남 화순의 시골마을에서 장작을 줍거나 잔심부름을 했다. 고등학교에 갈 나이쯤부터는 인근 대도시인 광주에서 '여공' 생활을 시작한다. 당시 경공업 중심의 노동집약적 수출정책을 펼치던 정부는 저임금 장시간 노동이 가능한 미혼 여성 노동력을 적극적으로 활용했다. '근로여성 50년사의 정리와 평가' 연구에 따르면 1960년부터 1975년까지 15~24세 여성들의 경제활동 참가율은 40~50%로 나타났다. 이로 인해 여성 전체의 경제활동 참가율도 26.8%에서 45.0%로 수직 상승했다.

25세, 순자 씨는 공장을 그만두고 1년 후 결혼한다. 당시만 해도 '일하는 여성'은 곧 '결혼하지 않은 여성'의 동의어였다. 기혼 여성들은 일터와 가정이 분리되지 않는 농업과 영세판매업에 주로 종사했다. 이들이 공식 노동시장에 진입한 것은 1970년대 이후다. 경제 규모 팽창과 임금 수준 향상 등으로 미혼 여성과 저임금 남성 노동력을 구하기 어려워진 제조업체들은 인력난을 호소했다. 1980년대 초 주요 일간지들은 "백화점, 은행 등에서 시작된 주부의 시간제 근무가 봉제, 섬유, 전자, 신발류 등 제조업체에까지 확대되고 있다"고 전하며 기혼 여성의 사회 참여를 장려했다.

비슷한 시기, 정반대 흐름도 나타났다. 1980년대 중산층의 등장과 함께 남성이 곧 가장이라는 '남성 생계부양자' 모델이 탄생했다. 이때도 남편 월급으로 생활하기 어려웠던 기혼 여성들은 가사와 일을 병행했다. 결혼 후 남편과 함께 자영업을 시작한 순자 씨도 이들 중 하나였다. 일과 가정 사이 여성들의 이중고가 수면 위로 떠오른 것은 그로부터 10년쯤 뒤다. 전문기술직 여성 비율은 1980년 3.4%에서 1990년 7.5%로 늘었고 맞벌이는 '저소득층'에서 '중산층'의 상징으로 탈바꿈한다. 여성계의 끊임없는 노력으로 여성 25세 조기정년제 폐지(1986), 혼인 · 임신 · 출산으로 인한 퇴직 강요를 금지한 남녀고용평등법 제정 등(1987년) 각종 제도적인 변화도 뒤따랐다.

IMF 외환위기와 함께 달라진 '일하는 여성'의 얼굴

일하는 여성들의 수는 빠르게 늘었다. 순자 씨가 26세가 되던 1980년 42.8%였던 여성의 경제활동 참가율은 혜원 씨가 26세가 되던 2012년 49.9%로 늘었다. 1980년과 2012년은 순자 씨가 남편과 함께 광주로 돌아온 시기이자, 혜원 씨가 대학을 졸업하고 돈을 벌기 시작한 첫해다. 엄마 세대의 변화가 '기혼 여성의 노동시장 진입'이라는 형태로 나타났다면, 딸 세대의 변화는 '여성의 대학진학률' 증가를 이끌었다. 순자 씨가 열아홉 살이던 1973년 40.9%였던 여성 대학진학률(고교 졸업생 중 대학에 진학한 비율)은

혜원 씨가 열아홉 살이던 2005년 80.8%로 두 배 올랐다. 여성 취업자 중 중졸 이하 비율은 1980년 83.1%에서 2012년 25.2%로 줄어든 반면 고졸 이상은 14.5%에서 38.1%로, 대졸 이상 취업자 비율은 2.5%에서 36.7%로 크게 증가했다.

이에 따라 여성들이 하는 일의 양상도 달라졌다. 2012년 여성들이 가장 많이 종사하는 직업은 보건이나 사회복지, 교육 등을 통틀어 분류한 '전문가 및 관련 종사자'(21%)였다. 사무 종사자, 서비스 종사자가 그 뒤를 이었다. 반면 1980년 전체 여성의 39%를 차지했던 농림수산업 종사자는 2012년 5.6%로 비율이 크게 줄었다. 여성들이 많이 일하는 직종이 농업과 생산직에서 사무·전문직으로 바뀌면서 일하는 여성을 설명하는 단어도 '여공'에서 '커리어 우먼'으로 달라지기 시작한다.

1997년 IMF 외환위기는 남성 생계부양자 모델이 무너지기 시작한 분기점이다. 남편의 해고와 실직, 파산을 경험한 전업주부들은 '아이들 학원비'라도 벌기 위해 생계 전선에 뛰어든다. 하지만 기혼 여성의 임금노동시장 진입이 경제적 지위 상승으로 이어지진 못했다. 1990년대 제조업에서 서비스업으로의 산업구조 전환은 저임금 불안정 일자리의 폭발적인 증가로 이어졌고, 그렇게 늘어난 일자리의 대부분은 이제 막 노동시장에 진입한 기혼 여성들이 채

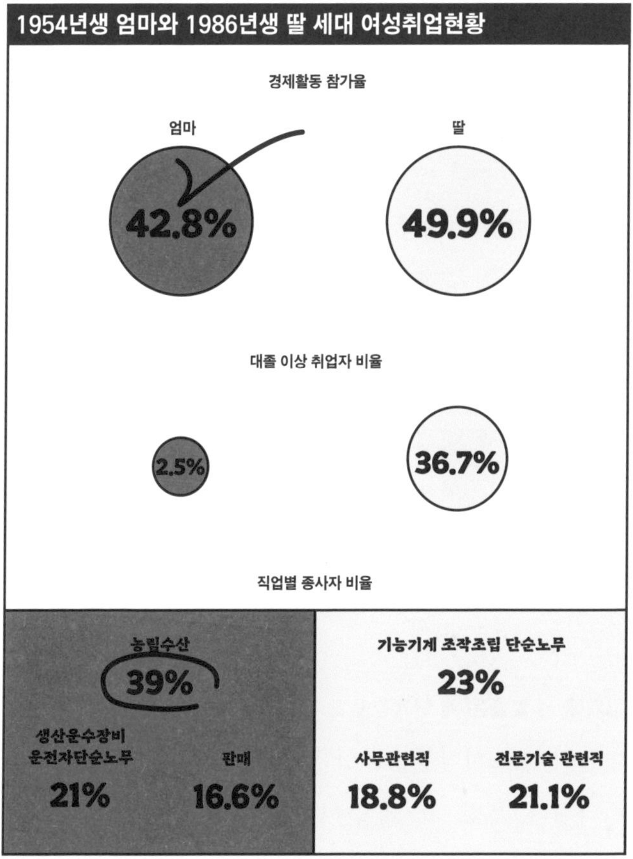

자료: 통계청 경제활동인구조사

기준연도: 엄마와 딸이 각각 26세가 되던 해(1980년~2012년)

+1980년과 2012년 직업별 분류는 세부 항목들에서 차이가 있을 수 있음

웠다. 마트 캐셔, 보험 설계사, 학습지 교사 등이 이들에게 주어진 몇 안 되는 선택지였다.

1980년 후반부터 1990년대 초반에 태어난 딸들은 이러한 노동시장 전환기에 유년 시절을 보냈다. 학교에서는 남녀가 평등하다는 교육을 받고, 가정에서는 일하는 어머니의 모습을 보며 자랐다. '여성도 일을 해야 한다'는 생각을 당연하게 받아들이며 노동시장에 뛰어들었다. 하지만 IMF 외환위기 이후 여성 일자리의 양극화, 이어진 신자유주의 분위기는 '엄마의 노동'을 '나의 노동'으로 받아들이기 어렵게 했다. "나는 엄마와 달리 이름이 남는 일을 하겠다"는 생각은 혜원 씨의 것만이 아니었다.

일터에 선 딸들은 왜 당혹감을 느끼나

딸들이 일을 시작한 2000년대, 눈에 보이는 차별은 대부분 사라진다. 특정 성별에 불리한 업무 배분이 금지되고, 직장 내 성희롱 제재규정이 마련됐다. 여성의 '일 · 가정 양립' 지원 제도도 대폭 확대된다. 2001년 모성보호법(근로기준법, 남녀고용평등법, 고용보험법) 제정으로 유급 육아휴직 제도가 처음 도입된 후 보장 범위는 꾸준히 확대되는 추세다. 2021년 8월 직장 성차별 피해자의 구제 절차를 보장한 남녀고용평등법 개정안이 통과되는 등, 실효성을 높이기 위한 세부 개정은 지금도 계속되고 있다.

하지만 딸들은 생각과는 다른 현실에 당혹감을 느낀다. 성별과 상관없이 능력을 인정받을 수 있다고 믿었는데, 일터에서의 자신은 '노동자' 이전에 '여성'이었다. 2020년 한국여성정책연구원이 발표한 '직장 내 성차별적 괴롭힘 실태와 제도개선 방안 연구'에 따르면, 여성은 성별 업무 능력에 대한 일반화와 낙인, 애교와 친절 강요 등 성차별적 언행을 경험한 비율(23.9~35.5%)이 남성(19.6~33%)보다 높았다. 이 경험이 이직에 영향을 미쳤다는 비율도 여성(59.9%)이 남성(42.9%)보다 높았다. 여성에게 적대적인 조직 문화가 경력 지속의 방해 요인으로 작용하는 것이다.

혜원 씨도 비슷한 이유로 2014년 첫 번째 직장을 퇴사한다. 그로부터 1년 뒤엔 또 다른 공공기관 정규직으로 재취업한다. 처우가 크게 다르지 않은 일자리로의 '수평 이동'이다. 문제는 성차별적 조직문화로 인한 이러한 이직이 여성의 경력에 미치는 악영향을 입증하기 어렵다는 점이다. 정규직이냐 비정규직이냐, 중소기업이냐 대기업이냐에 따라 천차만별인 여성들의 경험도 경력 단절 이전 단계에서의 '구조적 차별'을 한마디로 정의할 수 없게 만든다.

정성미 한국여성정책연구원 성인지데이터센터장은 "노동시장에 이제 막 진입한 청년들만 놓고 보면 임금이나 비정규직 비율 등에서 눈에 보이는 격차가 많이 줄어든 것도 사실이다. 청년 노동 시장 자체가 워낙 불안정해졌고 일에 대한 관점도 이전 세대와 달라졌기 때문"이라고 했다. 그는 "이 세대 여성들이 노동시장에서 경험하는 차별을 파악하려면 똑같은 출발선에 서 있었던 남성과 여성의 경력 개발 경로가 달라지는 '과정'을 봐야 하는데, 현재로썬 이를 통계적으로 추적하기 쉽지 않다"고 했다.

1983년생 딸 4명 중 1명은 경력 단절

딸과 아들의 노동은 30대를 기점으로 급격히 달라진다. 2018년 한국고용정보원 조사에 따르면 20대 후반 여성들은 같은 남성들 월평균 임금의 91.7%를 받는다. 하지만 30대 초반이 되면 남성들이 천 원을 벌 때 여성들은 837원을 벌고 30대 후반엔 723원까지 떨어진다. 비정규직 여성 비율도 연령대가 올라가면서 급증한다. 30대 후반에서는 여성의 30.8%가 비정규직이다. 이는 40대 후반 37.1%, 50대 후반 50.8%로 가파르게 오른다. 남성 비정규직 비율이 30대 후반 14.6%, 40대 후반 20.0%, 50대 후반 22.6%로 완만하게 증가한 것과 대비된다.

왜 그럴까. 일하는 여성이 더 이상 예외적이지 않은 지금도 가사와 돌봄은 여전히 여성 몫이다. 2019년 통계청 생활시간조사에 따르면 맞벌이 여성의 가사노동 시간은 3시간 7분, 남성은 54분이다. '저출산 위기론'이 본격화된 2000

년대 이후 육아휴직과 산전후휴가의 적용 범위는 꾸준히 확대됐지만, 노동 강도가 세고 고용의 안정성이 보장되지 않는 회사일수록 사용은 먼 일이다. 2018년 국가인권위원회 실태조사에 따르면 육아휴직 후 승진 및 부서 배치에서 차별을 당했다는 비율은 69.8%에 달했다. 결국 여성에게 남는 선택지는 일터를 나오는 것이다. 2021년 25~29세 여성 고용률은 70.9%까지 올랐다가 35~39세 57.5%로 급감한 뒤 40~44세 61.5%로 다시 반등한다.

같은 나이대 남성과 여성의 노동 궤적을 비교하면 변화는 더 확연하다. 통계청의 '인구 동태 코호트 DB'에 따르면 1983년생 여성 66.9%가 결혼했고, 그중 25.5%는 출산과 함께 직장을 잃었다. 4명 중 1명은 경력 단절을 경험하는 셈이다. 반면 남성이 출산 시점에 직장을 그만둔 건 2.3%에 불과했다. 그런 선배들의 모습을 지켜본 1988년생들은 결혼과 임신, 출산을 미루거나 포기하는 방식으로 '자구책'을 찾는다. 결혼 후 자녀를 출산한 비율은 1983년생 82.9%에서 1988년생 61.4%로 급감했다.

여성의 경제활동 증가와 각종 제도적인 개선에도, 여성만 일과 가정의 양자택일을 요구받는 상황은 30년 전이나 지금이나 크게 다르지 않다. 어머니 세대가 일 대신 가정을 선택했다면, 딸 세대는 가정보다 일을 선택하는 비율이 높아졌을 뿐이다. 딸들 간의 격차도 벌어지고 있다. 임금 수준이 낮고 직업적 전망이 밝지 않을수록 결혼 · 임신 · 출산을 기점으로 일터를 떠나는 선택을 하기 쉽다. 이는 다시 일터로 돌아온 여성들의 선택지를 제한하는 악순환을 만든다. 차별은 사라진 것이 아니라 설명하기 어려워졌을 뿐이다.

insight

딸들은
엄마의 노동에서
여성의 노동을
읽어냈다

대형 출판사 편집자로 일하던 김은화 씨(35)는 퇴사 후 '딸세포'라는 1인 출판사를 차렸다. 처음 낸 책은 『나는 엄마가 먹여 살렸는데』. 은화 씨 엄마 이야기였다. 은화 씨는 직접 엄마를 인터뷰하고 엄마의 삶에 대해 썼다. 엄마가 이혼한 사실을 부끄러워하지 않았으면 좋겠다는 마음으로 시작한 일은 엄마를 한 사람의 강인한 노동자로 바라보게 해줬다. 은화 씨는 "책을 쓰고 나서 편해졌다"고 말했다. "엄마가 (내가) 지켜줘야 하는 사람이 아닌 매우 강인한 사람이라는 것을 알게 됐기 때문"이다.

은화 씨는 책에서 이렇게 썼다. "엄마는 그간 가족을 위해 일했다. 그러나 한 가정을 이끄는 가장이나 생계부양자 같은 호칭은 남성에게만 명예롭게 주어졌다. 나는 여기에 대항해서 당당하게 말하고 싶다. 나는 엄마가 먹여 살렸다고, 아니 살렸다고. 그녀의 노동이 없었더라면 나는 지금의 내가 되지 못했을 거라고. 엄마는 우리 가족의 생계부양자였으며, 진정한 가장이었다고 말이다."

책이 출간된 뒤 은화 씨는 "나도 엄마의 삶을 써보고 싶다"는 여성 독자들의 연락을 많이 받았다. 나도, 우리 집도 사실은 엄마가 먹여 살렸다는 딸들의 증언이 이어졌다. 은화 씨를 비롯해 엄마의 삶을 노동의 관점에서 바라보게 됐다는 딸들을 만나 이야기를 들었다. 1980~1990년대생인 이들은 왜 엄마의 노동에 관심을 갖게 됐을까. 엄마를 노동자의 관점에서 바라보기 시작한 딸들의 시선은 자신을 포함해 여성들의 노동을 재평가하는 차원으로 확장되고 있었다.

미안한데 답답했다

은화 씨의 생애 첫 기억은 부엌 싱크대로 의자를 가져온 뒤 까치발을 들고 엄마 대신 설거지를 하는 것이었다. "경제적으로 무능하고 폭력적인 아버지 때문에 어머니가 늘 안돼 보였거든요. 아주 어렸을 때부터 '내가 엄마를 도와줘야지' 그런 생각을 했던 것 같아요." 많은 딸이 어릴 적부터 엄마의 정서적 공감자를 자처하고, 가정 내 엄마의 노동을 나눠 맡는다. 은화 씨는 "어릴 때부터 오빠 물 심부름은 내가 하는 것으로 자연스럽게 집안 분위기가 흘러갔다"고 말했다.

은화 씨의 엄마는 오전 6시에 일어나 자식들 도시락과 아픈 시부모의 밥상까지 10인분의 밥을 차렸다. 공장 노동자부터 시작해 결혼 이후에도 하숙집과 만화방, 한복집을 경영했고 안경공장과 출판물류센터에서 일하며 가족들을 먹여 살렸다. 요양보호사로도 오래 일했다. 그런데도 엄마는 "나는 삶에서 이룬 게 아무것도 없다"며 한숨을 내쉬곤 했다. 이혼 후 엄마의 부정적 감정은 더욱 깊어졌고, 그런 엄마를 보호해야 한다는 은화 씨의 책임감도 강해졌다.

앞서 본, 엄마 윤순자 씨 삶을 바라보는 마혜원 씨(36)의 마음도 복잡한 경로를 거쳐왔다. 혜원 씨 남매는 부모님이 식당을 하는 동안 할머니 손에 컸다. 엄마는 할머니와 갈등이 있을 때마다 딸들에게만 공감을 바랐다. 혜원 씨는 "할머니한테 말 걸면 엄마가 서운할 것 같고, 엄마한테 말 걸면 할머니가 서운할 것 같았다"며 "가족들이 저한테만 온갖 감정을 쏟아붓는다는 생각이 들었다"고 말했다.

원미라 씨(36)의 기억 속 엄마는 늘 피곤해 보였다. 형편이 어려웠던 탓에 싸움이 끊이지 않는 집에서 엄마는 늘 지쳐 있었다. 밖에서 일하고 돌아와 할머니의 밥을 차리고 가사노동을 하는 엄마를 보며 미라 씨는 미안함과 답답함을 동시에 느꼈다. "엄마는 일하고 돌아와서도 계속 일을 하는구나 인식하게 됐어요. 미안한 마음 한편에는, 엄마는 왜 저렇게 사나 싶은 마음도 있었어요."

엄마를 다른 시선으로 보게 된 건 미라 씨가 직접 돈을 벌기 시작하면서부터다. 미라 씨는 고등학교 졸업 후 작은 회사에 취직했다. 목수인 아버지가 산업 재해를 당해 다치면서 생계활동에 뛰어들었다. 미라 씨는 "취업을 하고서야 엄마 삶에서 선택지가 그것밖에 없었다는 걸 알게 됐다"고 말했다. "대학에 가고 싶었지만 못 가는 제 상황과 국민학교 졸업 후 바로 일을 시작한 엄마의 상황이 겹쳐지더라고요. 엄마는 훨씬 더 어렸을 때부터 노동에 내몰려야 했구나. 그렇게 이해하게 됐어요." 미라 씨는 나중에 자신의 힘으로 대학에 갔다.

엄마를 사랑해도 엄마의 삶을 똑바로 바라보고 글로 쓰기는 쉽지 않은 일이다. 딸들은 자신 역시 가부장제의 가담자가 아닌지 자책한다. 은화 씨는 "엄마가 어떤 사람인지 들여다보려면 나를 들여다봐야 한다"고 말했다. "엄마의 이야기는 곧 나의 이야기이기도 하니까요. '내가 엄마 상황이었다면 어떤 선택을 했을까'라는 생각이 들면서 죄책감, 미안함, 원망 같은 감정이 계속 떠올라요."

엄마와 딸을 이어주는 '페미니즘'

2016년 강남역 살인사건을 계기로 페미니즘이 사회 전면에 중요 의제로 등장한 것은 딸들이 엄마의 삶을 다시 바라보게 된 중요한 원인 중 하나다. 이후 『마더북』, 『그 여자의 자서전』 등 딸이 엄마의 생애를 기록하는 책들이 잇따라 발간됐고, 엄마의 자서전을 쓰는 작업을 돕는 사회적 기업도 등장했다.

우리가 만난 딸들도 엄마의 노동을 새롭게 보게 된 계기로 페미니즘을 꼽았다. 글쓰기 플랫폼 '브런치'에 엄마의 노동과 가정폭력에 대해 연재하고 있는 김도미 씨(34 · 필명)는 대학에서 여성학을 배우면서 엄마의 노동을 새로 보게 됐다. 도미 씨 부모님은 작은 공장을 함께 운영한다. "페미니즘을 접하기 전에는 엄마의 노동은 '아빠 뒤치다꺼리' 정도로 생각했던 것 같아요. 하지만 나중에 돌아보니 아빠가 하지 않는(못하는) 그 많은 일을 엄마가 했기에 집과 공장이 돌아갈 수 있었더라고요." 페미니즘은 많은 딸에게 '그냥 우리 집 일'로 여겨지던 것들을 사회적 차원으로 바라볼 수 있게 했다.

남성이 집안의 가장이라는 '남성 생계부양자 모델'은 1997년 말 외환위기를 기점으로 빠르게 무너졌다. 1980년대 중반 이후 태어난 여성들은 엄마가 다양한 일을 하는 것을 목격하며 자랐다. 이들은 1990년대 성평등 의식 확산과 함께 '여성도 일해야 한다'는 인식을 자연스럽게 받아들이며 노동시장에 진입한다. 신경아 한림대 사회학과 교수는 이 세대를 "여성 직업인으로서의 정체성을 집단적으로 정립한, 한국 노동시장에서는 독특한 세대"라고 표현했다. 신 교수는 "이들이 엄마를 보는 감정은 경외심과 두려움"이라며 "앞선 세대와 비교해 결혼과 출산, 육아를 당연한 규범으로 생각하지 않지만, 그럼에도 경력 단절 없이 일을 지속할 수 있을까라는 두려움과 고민은 여전히 크다"고 했다.

딸들은 엄마가 자신의 노동을 긍정하길 바란다. 류벼리 씨(32)는 '엄마 역할을 잘 못했다'는 엄마의 자책을 듣고 구술생애사 작업(한 사람의 생애를 듣고 글로 옮기는 것)에 관심이 생겼다. 벼리 씨의 엄마는 35년간 고등학교 교사로 일하면서 아버지를 대신해 사실상의 생계부양자 역할을 했다. 평생 '임금 노동'과 '돌봄 노동'을 분주하게 오갔으면서도, 늘 이룬 것이 없다고 말하는 엄마가 안타까웠다. "엄마에게 '지금보다 더 잘할 수 없다, 엄마 스스로를 인정해줘야 한다'는 말을 처음 했을 때, 엄마가 울었거든요. 페미니즘을 배워보라는 말도 했어요. 그러다 어느 순간 '나는 바뀌기 싫다'고 하시는 거예요. 엄마한테는 페미니즘을 공부했으면 좋겠다는 말이 이혼하라는 얘기로 들린대요."

딸들의 시선은 엄마의 노동을 매개로 고령 여성 전체의 노동까지 확장되고 있다. 원미라 씨는 2020년 12월 집단 해고된 LG 트윈타워 청소 노동자 연대집회에 참가했다. 15년을 비정규직으로 병원에서 청소 노동을 해온 엄마의 모습과 닮아 있어서다. 미라 씨는 집회에서 "우리 여사님들은 강하지 않습니까. 대걸레 한번 휘둘러 본때를 보여주십시오"라고 쓴 엄마의 편지를 대신 읽었다. 그는 "엄마가 파업하는 것을 걱정할 청소 노동자분들의 자식들에게도 힘을 주고 싶어서 집회에 갔다"고 말했다. 미라 씨 엄마는 2021년 초 정규직 노동자가 됐다. 50여 년을 일했지만 처음으로 받은 사원증을 보고 미라 씨도 엄마도 말할 수 없는 감정을 느꼈다.

도미 씨는 "'엄마', '할머니' 등의 이름으로 하고 있는 수많은 여성 노동을 숭고한 것으로 타자화+시키지 않았으면 한다"고 말했다. "이건 숭고한 희생 같은 게 아니라 현실에 있는 일이자 나의 일로 인식해야 해요." 은화 씨는 책이 나온 뒤 엄마에게 독자들의 반응을 전했다. "사람들이 엄마 살아온 거 멋지다고 한다"고. 은화 씨 엄마는 이렇게 말했다. "그럼 이제 내가 지나온 날들을 한번 껴안아봐야겠다." 은화 씨는 말했다. "눈물이 핑 돌더라고요. 그거면 됐다. 진짜 그거면 됐다."

+ 어떤 대상의 정체성을 임의로 규정하고 자신과는 다른 존재로 보는 것

청소노동자
쫓아내면
LG제품도
쫓겨나요!

100일 간의
청소노동자

여기는
도시랑은
주문진
과수원예
영농조합
41-0801

알라요
way to work
네 번째 출근길

NAME LEE KWANG WOL BIRTH 1955 CEO OF C

KWANG

LEE KWANG
WOL

LEE KW

NAME LEE KWANG WOL BIRTH 1955 CEO OF C

"무슨 재미로
사셨나고.
딱히 답할 말이
없어서
돈 버는 재미로
살았다 했지."

안녕하세요.

과수원 대표 이광월입니다.

광월 씨가 10년째 부녀회장을 하는 이유

이광월 씨(66)는 강원 강릉시 주문진읍 장덕2리 복사꽃 마을 부녀회장이다. 할 사람이 없어 맡기 시작한 것이 벌써 10년이 됐다. 장덕2리는 마을 이름처럼 복숭아로 유명하다. 봄이면 체험 학습과 복숭아 축제 등이 열린다. 마을 부녀회장이 할 일도 그만큼 많다.

"나이가 들면 뒤로 나앉아야지. 누굴 강제로 맡겨야지"라면서도 광월 씨는 부녀회장 일이 싫지 않다. 여러 이유가 있지만 외출할 수 있는 공식 일정이 생겼다는 게 제일 좋다고 했다. "엄청 좋죠. 어떨 때는 회의가 없어도 회의 간다 하고 나와." 광월 씨가 크게 웃었다.

11월 말, 주문진읍의 한 카페에서 광월 씨를 만났다. 광월 씨는 작은 승용차를 운전해서 왔다. 면허가 없다는 기자의 말에 광월 씨는 "운전은 필수"라며 "마음만 먹으면 면허는 금방 딴다"고 말했다. 자부심이 묻어나는 말투였다. 광월 씨는 60세에 본격적으로 운전을 시작했다.

운전은 언제부터 하셨어요.

면허는 전에 땄는데 운전할 일이 없었으니까 장롱면허였어요. (부녀회장이 되고 나서) 신랑한테 태워달라고 하면 땍땍거려서 신랑 비위를 맞춰줘야 해. 안 되겠다 싶어서 신랑한테 가르쳐달라고 했죠. 이틀 가르쳐주더니 야단만 쳐요. 도저히 안 되겠더라고. 하루에 8만 원씩 주고 이틀 운전 연수를 받았어요. 아유 16만 원이면 이렇게 바로 해결이 되는 걸 내가 왜 고생했나 싶더라니까.

운전하니까 어떠세요.

좋지. 얼마나 편하다고. 왜 내가 신랑한테 맨날 구걸했을까 싶어요. 운전은 필수야. 마을에 운전하는 여자가 별로 없어요. 예전 부녀회장이 운전했었고 또 내가 하고요. 내가 움직이고 내 몸 편하자면 운전은 필수야. 남이 하는 건 다 배워놔야 해요. 그래야 급할 적에 사용할 수 있거든.

마을 부녀회장은 어떤 일을 하세요.

다른 마을은 일이 그렇게 많지 않아요. 우리 마을은 체험객이 많이 오니까 일이 좀 많아요. 봉사도 하고 체험객들 오면 지도도 해야 해요. 체험객이 올 때는 인터넷을 찾아보고 대강이라도 알아서 알려줘야 해. 애들이 질문했는데 답을 못하면 얼마나 당황스럽다고. 공부를 해야 해.

운전도 그렇고 공부도 그렇고, 배우는 걸 좋아하시나 봐요.

내가 다 못 찾겠으면 작은 며느리한테 부탁해요. 작은 며느리가 유치원 선생 했거든. 하나씩 알아가면 재밌잖아. 나도 지식을 아는 게 좋고, 누가 물으면 답할 수 있고, 또 '아 저 사람' 하고 다시 쳐다봐주고. 내가 뭘 안다는 게 나 자신을 위해 얼마나 좋은 거라고.

마을 대소사도 있을 텐데 힘드실 것 같아요.

일이 많아도 나가서 활동하고 돌아다니니까 스트레스가 해소되는 날도 있어요. 이전에는 못 나갔어요. 나갈 일이 없었고 또 돈 버느라고 일을 엄청 엄청 했죠. 부녀회장 하니까 한 달에 한 번 회의 가지, 모임 가지, 방송국 이런 데서도 많이 와요. 맨날 집에만 있다가 나가니까 좋죠. 어떨 때는 회의가 없어도 회의 간다고 하고 나와.

광월 씨는 1955년 강원도 횡성에서 태어났다. 남동생은 대학까지 졸업했지만 광월 씨는 국민학교만 졸업했다. 광월 씨는 공부를 잘했다. 졸업하기 전엔 반에서 3등을 차지했지만 부모님은 중학교 입학금을 주지 않았다. "빨리 일터를 나가야 하니까 가마(머리) 빗고 그럴 시간이 없어서" 국민학교를 졸업하고 머리를 짧게 깎은 광월 씨는 부모님을 도와 담배 농사일을 시작했다.

부모님이 담뱃잎을 따서 고랑에 놓아두면 열네 살 광월 씨가 달려가

안고 나와 새끼줄에 엮었다. 담뱃잎은 커다란 쌈채소같이 생겼지만 촉감이 달랐다. 잎은 찐득거렸고 입으로 가져가면 쓴맛이 났다. 니코틴 진액 때문이다. 한번 담배밭에 나갔다 오면 옷도 '찐드읏찐드읏' 손도 '찐드읏찐드읏' 거렸다. 그래서 밖에 잘 나가질 않았다. 학교 다니는 또래 애들을 보면 괜한 수치심이 들었다. 교복 입고 가방 들고 가는 또래들이 부러웠다.

남편은 중매로 만났다. 첫인상은 잘 기억나지 않는다. 쑥스러워서 멀리서만 봤다. 얼굴도 제대로 못 봤다. 바닷가에 과수원을 하는 집이라고 해서 결혼했다. 굶지는 않겠다 싶었다. 하지만 결혼식 후 강릉 주문진 시가에 도착한 그는 깜짝 놀랐다. 과수원과 집이 있는 건 사실이었지만 시할아버지와 시부모, 시누이 셋, 남편까지 식구가 일곱 명이나 됐다. "내가 그걸 모르고 갔어요."

그때부터 일에 치여 살았다. 시할아버지부터 시부모, 중고등학교에 다니는 시누이 셋, 남편을 건사했고 아들 둘의 육아를 도맡았다. 논, 밭, 과수원 일도 했다. 집도 일터, 대문 밖으로 나가도 일터였다. 쉴 틈도 쉴 공간도 없었다. 얼마나 바쁘게 지냈던지 광월 씨는 근현대사의 굵직한 사건들에 대해서도 별다른 기억이나 감흥이 없다.

88년 올림픽 때 여기 분위기는 어땠나요.

올림픽을 했다는 건 아는데 기억에 남는 게 없어요. 일한다고 바빠서 세상 돌아가는 걸 몰랐더래요. (집에 텔레비

전이 없었어요?) 테레비 집에 한 대 있는데, 그거 보려면 (시부모가 있는) 안방으로 가야 하는데 어떻게 봐요.

아… 그럼 IMF 외환위기 때는 어땠나요.

글쎄요. 농촌에는 별 타격이 없었던 것 같은데. 코로나19 때보다 타격이 없었어요. 금 있는 사람들은 금 팔아서 돈 만들고, 단지 그 정도였던 것 같아.

일하느라 너무 바쁘셔서 그랬나 봐요.

시누이 셋이나 중고등학교 다니니 도시락 싸야지. 새벽밥 해서 학교 보내야지. 할아버지 밥상 차려야지. 우리 밥 먹고…. 뭘 안 해도 앉아 있을 시간이 없더라고요. 청소하고 설거지하고 나면 또 빨래가 산더미야. 그러고 나면 또 점심때가 금방 돼요. 어찌나 밥때가 빨리 오는지…. 어떻게 해서 그때를 벗어났는지.

저 같으면 힘들어서 많이 울었을 것 같아요.

울 시간이 있어야 울지. 울어도 달래줄 사람이 있어야 울지. 너무 힘들어서 '나는 못 살겠다' 하고 큰애를 업고 주문진 바닷가까지 나왔어요. 무작정 집을 나왔는데 이게 무슨 돈이 있어야지. 돈이 있어야 버스를 탈 거 아니래요. 하루 종일 바닷가에 앉아 있다기 할 수 없이 도로 걸어서 들어갔어요. 용감하지 않으면 울타리를 벗어나기 힘들어요.

남편이나 친정에 이런 이야기 해보셨어요.

엄마가 힘들까 봐 이야기를 안 꺼냈더래요. 언니나 오빠한테도 힘들다고 한 번도 안 했어. 살면서 지금 처음 해요. 이런 이야기를…. 우리 둘째 며느리가 나한테 그러는 거예요. 어머니, 여태껏 어떻게 그렇게 힘들게 사셨냐고. 무슨 재미로 사셨냐고. 딱히 답할 말이 없어서 돈 버는 재미로 살았다 했지. 죽으라고 일을 하니까 나한테 얻어지는 게 돈이더라고.

시집살이 이야기가 이어지자 광월 씨는 "인제 그만 물어봐요"라고 했다. 이어 그는 "자꾸 물어보니 눈물 나려고 하잖아. 그래서 〈여자의 일생〉이라는 노래도 있나 봐"라고 말했다. 기댈 데 없던 광월 씨에게 유일한 낙은 통장에 쌓이는 돈이었다. 그는 돈을 차곡차곡 모아 재산을 늘려갔다.

그는 "운이 좋았다"고 했지만 운만으로는 할 수 없는 일처럼 들렸다. 처음 모은 돈으로는 산 3000평을 샀고 그다음에는 집 바로 앞의 과수원을 샀다. 자신은 작은 마을에 살아도 두 아들은 '시내로 내보내야겠다' 싶어 강릉시에 2층 주택도 샀다.

한때는 과수원 농사만 5000평을 지었다. 지금은 1년 내내 수익이 날 수 있도록 과수원 1300평과 고사리, 개두릅, 산딸기 농사를 같이 짓는다. 봄에 개두릅을 따고 5월에 고사리 꺾고 초여름에는 산딸기,

여름에는 복숭아, 가을에는 사과 순이다. 스물넷에 몸만 온 광월 씨가 이뤄낸 것들이다.

"뭘 더 물어보려고 하냐"면서도 광월 씨는 한 번 더 인터뷰를 이어가자는 제안을 거절하지 않았다. 다음 날 아침, 광월 씨 집을 찾았다. 그는 1층 창고에서 전병을 굽고 있었다. 전병 속에는 광월 씨가 직접 농사짓고 수확해 만든 복숭아 절임이 들어갔고, 전병 위에는 분홍색 꽃과 초록색 풀잎이 놓였다. 광월 씨가 아침은 먹었냐며 전병을 내밀었다.

이전이랑 비교하면 요즘은 지내시기가 좀 어때요.

지금도 시어머니 모시고 사니까 답답할 때가 있죠. 그래도 부녀회장 해서 나가는 일이 많거든요. 나가서 다른 사람들과 소통하다 보면 괜찮아져. 부녀회장 하기 전에는 3000원 주고 커피를 사 먹는 걸 이해 못 했어요. 그거 배도 안 부르고 물인데 차라리 짜장면을 시켜 먹지. 그런데 사람과 관계를 맺다 보니까 커피가 5000원이든 6000원이든 먹어야 되겠더라고. 그 시간을 즐기러 가는 거야. 생각하기 나름이라는 걸 거기서 느꼈어요.

선생님 취미는 뭐예요.

취미라는 것도 없어요. 내 삶이 하도 힘들어서 취미라는 것도 못 해보고 살았어요. 글 쓰고 시 읊고 이런 기 좋이

안빌
토치단

해요. 혼자서 시 같은 거 생각해요. 꼭 글로 써야 하는 게 아니라 머릿속으로 생각해서 이따금씩 카카오톡에 올리면 친구들이 '문학소녀'라고 해. 좋아하는 게 아니라 생각이 나니까 하는 거야. 이제는 생각했다가도 돌아서면 잊어버려.

사람들이 '이광월'을 어떻게 기억했으면 하세요.

많이 힘들게 살아왔구나 그런 걸 알아줬으면 좋겠어요. 한 번 집 나갔다고 했잖아요. 그때 차비 있었으면 안 돌아왔을 수도 있지. 이후엔 그런 생각을 하지 않기 위해서 일에 집중했어요. 누구나 목표를 세우고 과한 욕심만 안 부리면 하고자 하는 걸 이룰 수 있어요. '하겠다'는 생각에 빠져서 자꾸자꾸 키워가면 돼요. 지금은 부러운 것도 없고 시골에 살아도 멋있어.

어제오늘 인터뷰는 어떠셨어요.

내가 담고 있었던 걸 누군가가 알아줬다는 게 좋았어요. 이런 이야기를 하니까 기분이 울적하기도 하고. 그래도 시간이 많이 지났고 지금 생활에 만족하니까 이야기를 꺼내는 게 어렵진 않았어요.

says

누구나 목표를 세우고
과한 욕심만 안 부리면
하고자 하는 걸 이룰 수 있어요.
'하겠다'는 생각에 빠져서
자꾸자꾸 키워가면 돼요.
지금은 부러운 것도 없고
시골에 살아도 멋있어.

NAME KIM CHUN JA BIRTH 1948 FAR

KIM CHUN JA

KIM CHUN JA

KIM CHUN JA

NAME KIM CHUN JA BIRTH 1948 FAR

"지금은 여자들이 내가 가고 싶은 데 가서 기술을 배운다든지. 요즘은 남자보다 더 똑똑하다 그 말이야."

안녕하세요.

파 농사 전문가
김춘자입니다.

나는 못 배웠응께
어른이 아니여

"안녕하세요. 김춘자 선생님 휴대폰 맞나요?"

"잉? 선생님요? 나는 선생님이 아닌디. 어디시라?"

김춘자 씨(74)와의 통화는 이렇게 시작됐다. "선생님이 평생 해오신 일에 대해 듣고 싶어요"라고 하자 춘자 씨는 "나는 한 게 없는데"라면서도 "잉 그라믄 아무 때나 오시오"라고 말했다.

춘자 씨와의 첫 만남, 그는 기자의 손을 잡고는 방으로 이끌었다. 방에는 전기장판과 이불이 깔려 있었다. 춘자 씨는 "이불 속에 들어가 있어요"라며 전기장판과 보일러를 켰다. 그러고는 사과와 귤이 든 바구니를 가져왔다. 인터뷰는 춘자 씨가 깎아준 사과를 먹으며 시작됐다.

오늘 어디 나갔다가 들어오셨나 봐요.

어른+이 실어다줘서 나갔다 왔어요. (어른이 누구예요?) 어른은 우리 집 양반. (남편을 어른이라고 칭하세요? 선생님도 어른이시잖아요.) 나는 배운 것이 없으니 어른이 아니여. 그 양반은 국민학교 나왔응께 어른이여. 나는 안 나왔응께.

국민학교는 왜 안 가셨어요.

학교를 가고자 하는 마음이 없었어. 나중에 우리 엄마가 "딸도 배워야 할 것인데" 하고 우리 아버지한테 학교를 보내자고 했는데 아버지가 "보내면 뭣할 것이냐"고 해서 못 갔지. 돈이 없으니까 학교 보내는 게 힘이 들었겠지. 나는 어린 마음잉께 모르제.

어렸을 때 집이 많이 어려웠나 봐요.

식구가 많고 가난하니까 절에서 애를 하나 달래. 자기들이 뭐를 가르쳐서 키우겠다고 해. 부모가 절에 애를 주려고 했는데, 남동생이 '안 갈란다' 하드만. 굶어서 죽게 되면 전부 같이 죽자고 해. 그래도 지금은 다 괜찮이 살아. 어릴 때 고생 원 없이 했제.

+ 어른은 전라도에서 아내가 남편을 이르는 단어다

학교 안 가고 뭐 하셨어요.

집에서 뭐 했는지 몰라. 동생들이 많으니까 어려서부터 밥 해주고 빨래해주고 그러다 보니 세월이 많이 가버렸어. 쑥밥, 톳밥, 무밥, 두릅밥, 꿩밥+밥… 가난해서 안 먹어본 게 없어. 다 먹어봤어. 제일 막내랑은 스무 살 차이예요. 내 생각에는 아홉 살 때부터 밥을 한 거 같은데. 엄마랑 아버지는 배 타고 나가서 일을 하니까 나한테 이케이케 하라고 하면 하고 그랬지.

선생님 이름은 무슨 뜻이에요.

몰라요. 공부를 해봐야 무슨 뜻인지 알지. (봄에 태어나셨어요?) 잉 3월 18일에 태어났어. (그럼 봄에 태어난 아이라는 뜻인가 봐요.) 아, 그랑구나. 나는 그런 뜻도 몰랐네.

국민학교에 가지 못한 춘자 씨는 한글을 모른다. 아홉 살 때부터 결혼 직전까지 부모님 일을 돕고 동생들을 돌봐야 했기에 배울 시간도 없었고 가르쳐주는 사람도 없었다. 춘자 씨는 9남매 중 첫째다. 그가 집안일을 도맡아 했기에 여동생들은 국민학교에, 남동생들은 중고등학교에 진학할 수 있었다.

+ 전라도에서 난초과 식물인 춘란을 일컫는 말

20대에 들어선 춘자 씨는 결혼은 하지 않으려 했다. "나는 안 배웠응께 이대로 살란다, 결혼 안 할라 했는데 우리 어매가 쓸데없이 순서대로 가야 한다고 해서" 얼떨결에 선을 봤다. 그리고 선본 지 1년 만에 결혼했다. 연애했느냐는 질문에 "연애하고 그러면 큰일 나. 누구 만나고 다니면 큰일 나"라며 손을 내저었다.

그러면 왜 1년 있다가 결혼하셨어요.

시어머니가 우리 집이 아주 험하고 내가 키도 조그맣고 해서 '안 할란다' 하고 돌아갔는데 중매를 선 아주머니가 다시 이야기했나 봐. 저 양반(남편)이 동네에 왔더라고. 우리나 거기나 형편이 그럽디다(비슷하다). 자기는 못살아도 조깐(조금) 있는 집에서 며느리를 데리고 오고 싶었나 봐요.

결혼 후에는 어떤 일을 하셨어요.

새벽 4시에는 일어나야 밥을 해서 먹지. 늦잠 자면 시어머니가 야단이 나. 농사짓는 사람이 한정 없이 잔다고. 밥해 놓고는 물을 질어와서 항아리에 넣어놓고 밥 차려서 같이 먹고. 어른이 있응께 반찬을 해서 밥상 드려야 하니까 바쁘제. 아침에도 바빠. 눈만 뜨면 바빠. 봄에는 모내기하러 나가려면 3시에는 일어나야 된께.

남편도 같이 일을 한 거죠.

같이 일어나도 여자들이 더 뭣을 많이 하지. 물 질어오고 밥해야 하고…. (이상하다고 생각하지 않으셨어요.) 이상하지 않아. 그렇게 살아와서. 가만히 생각하면 말할 수 없이 억울하지만 할 수 없어. 억울하다는 말을 누구한테 하지. 내 마음속에 하지. 지금 그렇게 살아야 된다고 하면 다 내뺄 거야. 그때는 나가면 죽제. 굶어서 살지를 못해.

그런 와중에 3형제를 키우신 거네요.

내 일이 너무 바빠서 우리 새끼들 어떻게 크는 줄도 모르고 젖만 먹였지라. 젖만 빨리 먹여두고 물 떠다놓고 들에 나가려고. 그렇게 애기들을 키웠어. 애기들도 집에 오면 일을 해야 하니까 공부를 못 해. 새끼들은 배워야 할 것인디 못 가르치면 어쩔 것인가 걱정을 많이 했지.

'병약 체질'인 남편은 40대에 들어서자 몸 곳곳이 아프기 시작했다. 각기 다른 병명으로 1년, 2년씩 장기 입원을 하기도 했다. 농사지으랴, 3형제 건사하랴, 남편 병문안 가랴, 시어머니 모시랴. 춘자 씨는 남편 병간호를 하다 어깨에 무리가 와 수술까지 했다. 그는 한 사람이 할 수 없는 일들을 오래도록 해왔다.

그는 답답할 때면 들로 산으로 다닌다. "뭔 생각을 하면 마음이 이상해져부러. 아무 생각도 안 하고 들로 나가. 나가면 마음이 편항께. 정

답답하면 저그 나가서 소나무하고 이야기를 혀. 소나무야 소나무야 너는 어찌 이리 건강하냐. 나는 마음이 이래이래. 소나무하고 말하고 갈대하고 말하고…. 나는 진짜 듣도 안 하고 보도 안 하고 그라고 살았네. 그래야 쓰겄다 싶어서."

'가만히 생각하면 말할 수 없이 억울하다'는 말이 마음에 걸려 "병원에서 간병인 고용하려면 비싸요. 그런 대단한 일을 몇십 년 동안 해 오신 것"이라고 하니 춘자 씨가 "잉 그러더만"이라고 입을 뗀 다음 기자를 쳐다보며 덧붙였다.

"그랑께 아프지 말고 살어라."

남편 간병하다가 어깨가 그렇게…. 직업이 세 개네요. 가사노동자, 농민, 요양보호사.

내가? 와따 진작 가르쳐주지. 내가 직업이 많은 줄은 몰랐는데. 어른하고 말하면 그래야제. 나 월급쟁이여라. 당신 밥해주고 빨래해주고…. 말이 되는구나 참말로.

너무 대단하신데, 나라에서 상 줘야 하는 거 아니에요.

내가 아기들 학교 보내면서 '우수 부모 상'을 받았어. 내 마음에 안 배운 사람이 상을 받으면 다른 사람이 못마땅해하제. 안 배운 사람은 무덤덤하니 버버리 소나무+맹키로 있

+ 언어 장애를 낮잡아 이르는 '벙어리'의 경상도, 전라남도 방언

어야 해. 소나무가 무슨 말을 하는가. 나는 좋은 것도 없고 싫은 것도 없고 그래. 소나무맹키로 그래.

그럼 어린 시절로 돌아가신다면 뭐하고 싶으세요.

학교도 가고 싶고 그라는데 그런 생각을 해봤자 뭣이 생길랑가.

지금 시대에 태어났으면 어떨 거 같으세요.

지금은 여자들이 내가 가고 싶은 데 가서 기술을 배운다든지. 요즘은 남자보다 더 똑똑하다 그 말이야. 요즘 젊은 사람들을 보면 너거들은 좋겠다. 배워서 그런다. 나는 모든 것이 못 배워서 한이 되지만. 그 마음밖에 안 들지.

춘자 씨는 4~5년 전부터 하루 치 임금을 받고 남의 집 일을 해주는 '품삯일'을 조금씩 줄여나가고 있다. "70대면 한참 땐데 못하겠데"라고 춘자 씨가 말했다. 일흔이 되어서야 생활에 여유가 생긴 것이다.

춘자 씨는 평생의 한이었던 한글을 배우기 시작했다. 막상 공부하려니 쉽지 않다며 춘자 씨가 얼굴을 찌푸렸다. 그래도 자신과 남편, 세 아들의 이름과 집 주소는 단단히 외웠다. 인터뷰하다 말고 춘자 씨는 아는 것들을 써내려가기 시작했다. 글자들을 늘어놓으니 조합할 수 있는 단어가 꽤 됐다. 수박, 호박 등의 단어를 말하니 춘자 씨의 눈이

박 호
수 박
수박 박호 박호

똥글해졌다. "아따 이걸 맞춰서 합치면 된다는데 그걸 못하겠네"라고 춘자 씨가 말했다. 춘자 씨가 글자에 손가락을 갖다 대고 수박, 호박이라고 소리 내 읽었다.

한글은 어떻게 배우게 되신 거예요.

노인대학에서 배웠지라. 동네 사람들이 그전부터 다니면서 말(한글)도 배우고 하면서, 같이 가자고 해서 갔지.

어떠셨어요.

아이고, 이름도 아주 겨우 쓴다고. 한글 공부를 하려고 해도 천지간에 눈이 캄캄하고 뒷골이 땅기고. 공부만 하는 게 아니라 들에 가서 일하제, 갔다 오면 밥하제, 청소하제. 배운 거 다 잊어버려. 일하는 거보다 더 힘들어. 애가 터져. 한글 공부하면서 내 이름은 알게 됐는데, 성가시고 머리도 아프고 죽겠더라고. 눈이 절로 감겨지고…. 내가 공부를 하려면 병이 들어도 들겠구나 싶어요.

그래도 이제 이름 쓰시잖아요. 좋으시겠어요.

응, 기분이 좋더라고. 나도 어디 가도 내 이름은 쓸 수 있구나. 내가 못 배워서 이름도 못 쓰고 결혼을 했어. 어른이 가르쳐줘도 맨날 까먹어. 이름을 쓴다는 것이 참말로 뭣 같더만.

한글 공부 다시 해보세요.

그래요? 내가 할 수 있을까잉? (조금만 더 하면 될 거 같은데요.) 그랴?

인터뷰는 어떠셨어요.

뭐를 알아야 편한지 안 한지 알지. 기분은 좋제. 나 배우지도 못한 인간이 서울서 신문 기자가 와서 이렇게 해주는구나 얼마나 좋아라고. 내가 여태 이렇게 살아와서 이런 이야기도 할 수 있는 뭣이 돌아왔구나 그런 생각을 했지. 마음이 좀 편해.

says

와따 진작 가르쳐주지.
내가 직업이 많은 줄은
몰랐는데.
나 월급쟁이여라.

NAME MOON GYE HWA BIRTH 1956 MINER

MOON GYE HWA MOON GYE HWA MOON GYE HWA

NAME MOON GYE HWA BIRTH 1956 MINER

"지금 버는 자체를
다른 사람들이
다 부러워해.
'아직도 일 다녀?
참 부럽네'
그래."

EMAKER A PARENTING EXPERT A CATHOLIC

안녕하세요.

베테랑 광부

문계화입니다.

나 태어나
이 광산에 광부가 되어

“아이고 내가 비누를 바꿔두려고 했는데 깜빡했자네. 보기에는 그래도 깨끗한 거예요. 써도 괜찮아.” 인터뷰를 위해 문계화 씨(66)의 집을 찾은 날, 계화 씨가 겸연쩍게 말했다. 화장실 세면대에 놓인 비누에 시커먼 것이 묻어 있었다. 탄가루였다.

계화 씨는 현직 광부다. 1985년 태백 장성광업소 선탄부에 입사했다. 선탄은 석탄과 잡석을 골라내는 일이다. 큰 돌덩어리가 나오면 망치로 깨서 탄만 골라내야 한다. 계화 씨는 “내가 이렇게 험한 일을 할 줄 알았나”라면서도 “나는 오함마(쇠로 된 큰 망치)질도 아주 잘해”라고 말했다.

지금 선탄부 최고참이라고 들었어요.

처음 일하러 갔을 때 제일 부러웠던 게 일한 지 8~9년 된 아줌마들이었어. 글쎄, 그게 부럽더라고. 나는 엊그제 들어왔는데 언제 8년이 되나 싶어서. 내가 지금 36년이 되자네. 기가 막히지.

왜 기가 막히세요.

일이 힘드니까네. 출근할 때 좋으면서도 또 그 일을 어떻게 하나 막 무서워. 그래도 출근만 하면 사택 주지, 쌀 주지, 연탄 주지. 천직으로 생각해야 한다고 마음을 먹었지. 병방(자정~오전 8시) 근무 때는 새벽이 되면 얼마나 졸린지 기계 돌아가는 게 야속스러워. 손은 움직이는데 잠에 취해서 다리가 저절로 휘어져. 휘청해.

처음에 어떻게 시작하시게 된 거예요.

1984년도 12월에 신랑이 갔어요. 신랑을 묻고 돌아오는데 고모부가 생활 대책이 있냐고 물으셔. 고모부가 광업소에서 높은 분이야. 대책이 없다고 하니까 광업소에 선탄이라고 여자들이 일하는 데가 있다고 해요. 그래서 거기 넣어달라고 했지.

순직 가족 같은 거였나 봐요. 당시에는 사고로 사망한 광부의 가족이 선탄 일을 많이 했다고 들었어요.

회사 들어가니까 거의 다 광부 부인이었어요. 순직 가족을 우선으로 받았으니까네. 일은 힘들지만서도 탄광촌에는 여자들이 일할 데가 없으니 모두가 부러워하는 직장이지. 또 사택을 주니까 남편이나 자식이 죽고 집이 없는 여자들이 많이 들어왔어요.

계화 씨는 결혼을 통해 광산촌으로 들어왔다. 남편과는 중매로 만났다. 남편은 유도 선수 출신의 광부였다. 파독 광부로 가기 위해 태백 장성광업소에서 경험을 쌓고 있다고 했다. 운동을 했으니 건강할 것이라 생각했고 독일로 간다면 월급도 상당할 것이었다. 당시 파독 광부들의 월급은 평균 13~19만 원으로 국내 직장인 평균의 8배에 달했다.

예상과 달리 남편은 아픈 날이 잦았다. 광업소에도 휴직을 낸 상태였다. 잦은 입원과 퇴원에 남편의 월급은 반토막 나기 일쑤였고 그런 와중에 연년생으로 두 아들이 태어났다. "돈을 벌어야 할 사람이 못 벌고 그렇게 있으니까… 참 모든 것이 다 막막했지."

그렇게 가장이 된 계화 씨는 닥치는 대로 일을 했다. 농사 품삯일은 물론이고 건설 현장에서 모래를 지고 나르는 일 등을 하며 아픈 남편과 두 아들을 건사했다. 일용직 일자리도 자주 있는 게 아니었다. 몸고생, 마음고생에 살이 쭉쭉 빠졌다. 나중에는 뼈가 앙상해 바닥에 누울 수 없을 지경이 됐다. 간경화 진단을 받은 남편은 결혼 8년 만

에 세상을 등졌다.

첫 출근 기억하세요.

먼저 들어간 동료가 그래요. 잠자면 큰일 난다고. 졸다가 들키면 어떻게 하나? 그래서 잠 안 오는 약을 사먹었다니까네. 하나를 먹어야 하는데 두 알을 먹었어. 약이 얼마나 센지 막 속에서 전쟁을 하는 거야. 그래도 아프다 소리도 못 했어요.

그때 하루 일과는 어떠셨어요.

갑을병 3교대가 있어요. 밤낮이 막 바뀌는 거지. 갑방(오전 8시~오후 4시)일 때는 새벽 6시에 밥을 먹고 가. 오전에 일하면서 배가 너무 고프니까 반찬을 일부러 짜게 먹고 갔어요. 갈증 나면 물을 마시면 되니까. 그래서 내가 지금 혈압이 왔나 그런 생각이 들어요. 병방은 출근하면 밤 12시가 되니까네 라면을 하나 삶아 먹어요. 라면을 먹고 앞치마로 배를 동여매요. 배에 힘을 딱 주려고. 여자들이 할 수 없는 일인데 배 힘으로 하려고.

그렇게 일 마치고 와서 아이들 챙기고 집안일도 하셨던 거네요.

그랬죠. 갑방 때는 아침에 애들을 깨워서 학교에 보내야 하니까네 일하다가 눈치를 봐가면서 학교 갈 시간 맞춰서 집에 전화를 해. 그때는 급식도 없고 도시락을 쌌어요. 진

날 저녁에 반찬을 담아서 냉장고에 넣어두고 애들이 그걸로 도시락을 싸갔어요. 을방(오후 4시~자정) 출근할 때는 애들이 집에 엄마가 없으니까 늦게까지 돌아댕기네? 얼마나 마음이 불안스러워. 나도 힘들고 애들도 힘들었지.

탄광촌에는 사고가 잦았다. '강원도 탄광촌의 역사와 문화' 연구에 따르면 1978년부터 1987년까지 10년간 석탄 산업 재해로 사망한 수는 총 1749명으로, 매해 평균 175명이 탄광 사고로 사망했다. 그러다 보니 금기도 많았고 금기 중 상당수가 여성과 관련된 것이었다. 여자는 광부의 몸을 발로 넘지 않는다+, 광부의 어깨를 짚으면 재수가 없다, 출근하기 전에 여자가 (광업소를) 방문하지 않는다++, 남편이 광업소 출근 전에는 남의 집에 가지 않는다, 출근할 때는 여자를 보지 않는다, 광부 통근버스에 여자가 얼씬거리면 재수가 없다 등이다.

이전에는 광업소에 사고가 많았죠.

사고 많았죠. 분위기가 말도 못 하지. 아침에 자고 나면 어디에서 연기가 나요. 그때는 집에서 장사 지냈거든. 장사

+ 당시 광부들은 '두 개 하늘을 지고 일한다'고 했다. 하늘과 갱도의 천장이다. 광부의 몸을 넘거나 짚는 행위 등은 갱이 무너지는 것을 연상케 해 금기로 여겨졌다

++ 출근한 광부가 돌아오지 않는 것은 탄광에서는 사고나 죽음을 의미하기 때문에 출퇴근과 관련한 금기도 많았다고 한다

지낼 때 추우니까 장작을 때니 연기가 나. 그래서 사고가 났다고 하면 땔감이 먼저 왔어요.

여자와 관련된 미신도 많았잖아요.

여자가 출근하는 사람 앞을 지나면 안 된다고 하지. 어떤 아저씨들은 도시락 싸들고 출근하다가도 여자를 보면 집으로 가버려. 그때는 공동 화장실이었어요. 남자들이 출근하는 시간이 되면 여자들이 화장실 가는 것도 참아. 내가 광업소에 출근하니까 아줌마들이 내 앞을 안 지나가. 여자한테도 그러는데 남자한테는 오죽하겠어. 지금은 세월이 지났으니까 그런 건 없지.

그런 미신을 들으면 어떤 생각이 드셨어요.

여자라는 존재가 없는 거지. 요즘 같으면 말도 안 되고 말고지. 그때는 여자라는 건 많이 조심해야 되는 존재였지. 그런 문화가 2010년대 중반까지 있었어요. 어른들은 그 문화가 몸에 배어 있는 거예요.

이런 분위기 속에서 '돈 차별'은 어쩌면 자연스러웠다. 계화 씨에 따르면 같은 선탄직에서도 남성과 여성의 임금은 달랐다. "남자들은 기계 보는 일이라고 해서 돈을 더 줬어요." 그렇다고 여성들이 하는 일이 만만한 게 아니었다. 계화 씨가 덧붙였다. "돈 차별이지."

IMF 외환위기가 할퀴고 간 2001년 어느 날, 광업소로 출근한 계화 씨는 서류 한 장을 받았다. 선탄부 일부 직원을 하청 소속으로 전환한다는 내용이었다. "아니꼬우면 나가라 이 식이지. 그래서 나간 사람도 한두 명 있고. 그래도 탄광촌에 여자가 할 수 있는 일이 이거니까…." 계화 씨는 서류에 사인할 수밖에 없었다.

하루아침에 그렇게 비정규직이 된 거예요.

모든 아줌마가 놀랬지. 기가 막히지. 내 나름대로 어디 갈라고도 생각했어요. 그런데 내 나이가 벌써 40대 중후반이야. 벌어놓은 돈도 없지, 집도 없지, 어디를 가요? 거기에다 하청 넘어가니 사택을 내놓으라네? 여기는 거의 다 사택 사는 사람들인데 어디 가서 살아.

그래서 어떻게 하셨어요.

집 없는 사람들끼리 직영 노조에 찾아갔어. 가서 막 하소연했지. 하청에 넘긴 것도 너무 억울하고 서러운데 집까지 없으면 어쩌겠냐고. 그러니 집은 살라고 하더라고. 그래서 아직까지 여기 살고 있어.

왜 여자들만 하청으로 갔다고 생각하세요.

여자들이 사회적으로 힘이 없으니까… 여자니까 넘어간 거야. 차별이라고 생각했지. 그럼 그럼.

월급도 줄었겠네요.

돈이 절반 넘게 줄었어요. 직영에 있을 때 100이었다고 하면 하청에 오니 50도 안 돼. 내가 하청으로 넘어갈 때 애들 학교는 다 끝냈지만 내 기존 생활이 있잖아. 보험이고 뭐고. 이거를 받아서 어떻게 살겠나 싶어서 눈물이 나는데. 밖에 들릴까 봐 방에서 이불을 뒤집어쓰고 울었다니까네.

석탄 산업은 1960~1970년대 한국의 대표적인 성장 산업이었다. 1970년대로 들어서면서 잠시 주춤했지만 1973 · 1978년 석유 파동으로 계속 호황이 이어졌다. 그리고 그 중심에 강원도가 있었다. 당시 강원도는 각지에서 사람들이 하도 많이 들어와 '얼굴을 비비고 다닐' 정도였다고 한다.

계화 씨는 그런 광업소의 역사와 함께해왔다. 지금은 하향길에 들어섰지만 광업소가 10년은 더 '버텨'주었으면 한다. 후배들을 위해서다. 그는 "나는 이제 거의 끝이 됐지만, 아직 애들이 어린 사람도 있고 가장인 사람도 있고 그래"라고 말했다. 자신의 노동으로 아픈 남편과 아들 둘을 먹여 살린 그는 일자리의 귀함을 안다.

계화 씨는 매일 오전 7시 10분 집을 나선다. 얼마나 할 수 있을까 했던 일을 36년째 하고 있다. 36년 전 장성광업소 정문을 지나면서 계화 씨는 기도했다. "석공님(석공은 '대한석탄공사'의 줄임말이라고 계화 씨가 말했다)요. 석공님요. 언제까지 갈지 모르겠지만 이 광업

소 끝날 때 저도 같이 데려가주세요." 계화 씨는 지금도 기도를 한다. "그 험한 일을 하면서 손가락 하나 안 다치고 저를 이 나이까지 데려와주셔서 정말로 감사합니다."

다시 돌아가도 광업소에서 일하고 싶으세요.

다시 돌아간다고 하면 광업소는 안 갈 거 같아. 젊은 나이에 딴 데 가겠지.

그러면 돌아간다면 어떤 일을 하고 싶으세요.

내가 지금 태어났으면 좀 재미나게 살 것 같아요. 큰 트럭 있지. 운동화 끈 딱 졸라매고 그거 운전하면서 전국을 누비고 싶어요. 안 그러면 기관차 운전? 운전하면 쏴악 달리고 얼마나 좋아요. 모든 걸 훌훌 벗어버리고 속 시원하게 크게 크게 휘젓고 다니고 싶어 아주.

여기저기 다니는 걸 좋아하시나 봐요.

안 그래요. 차분한 성격인데 그런 거는 좀 해보고 싶어. 왜 그런지 몰라. 내가 너무 얽매여 살면서 힘들어서 그런 거 같아. 너무 갇혀 살면서 힘들어가지고….

인터뷰하면서 어떠셨어요.

인터뷰하면서 물어보니까네 내가 그 힘든 세월을, 그 젊은 나이에 어떻게 살았나 싶어. 되돌아가라면 난 절대 안 가.

그때 생각하면 눈물이 나. 아득해. 내가 그래도 한눈팔지 않고 일해서 지금까지 참 잘 살았구나 싶어. 지금은 편해. 마음 편하지. 몸도 편하지. 지금 버는 자체를 다른 사람들이 다 부러워해. "아직도 일 다녀? 참 부럽네" 그래(웃음).

문계화 씨 영상 인터뷰

says

내가 지금 태어났으면
좀 재미나게 살 것 같아요.
모든 걸 훌훌 벗어버리고
속 시원하게
크게 크게
휘젓고 다니고 싶어
아주.

insight

30년은 더딘 농촌의 시간

전라남도 진도군 수역리의 주작물은 대파와 배추다. 두 달 전 심은 대파가 춘자 씨의 허리 높이까지 자랐다. 바람이 불 때마다 초록색 대파밭이 너울거렸다. 춘자 씨의 대파밭은 천 평 남짓이다. 춘자 씨가 고랑에 난 잡초를 뽑기 위해 허리를 숙였다. 대파에 가려 사람이 보이지 않았다. 농촌에서 여성의 일은 이런 식이다. 여성 농민의 삶을 그린 소설집 『호미』의 정성숙 작가는 이를 밭고랑에서 '기어다닌다'고 표현했다.

춘자 씨는 오전 4시에 일어나 남편과 자신의 밥을 챙기고 5시에 들로 나간다. 종일 쉬지 않고 일해야 밭을 건사할 수 있다. "밭매고 농약 치고 풀 베고… 나가면 일이 천지제. 깔렸제." 운전과 근력이 필요한 일은 남편, 나머지는 춘자 씨 몫이다. 나머지 일은 춘자 씨 말대로 '천지'지만 그 일들이 제대로 대우받은 적은 별로 없다.

쭈그려 앉아 일하는 탓에 마을에는 허리와 무릎이 성한 여성이 드물다. 농촌진흥청이 발표한 '2020년 농업인 업무상 질병 조사 결과'에 따르면 농민은 장시간 근무, 반복 동작, 불편한 자세, 과도한 힘 또는 중량물 취급으로 인해 근골격계 질환을 많이 앓는다. 국제노동기구(ILO)는 광업, 건설업과 함께 농림어업을 3대 위험사업으로 분류한다.

여성을 이야기할 때 흔히 떠오르는 이미지는 도시 여성이고 농촌을 이야기할 때 주로 등장하는 이미지는 남성 농민이다. 농촌에서 살아왔고 살아가는 여성들에 대해서는 좀처럼 다뤄지지 않는다. 하지만 통계청에 따르면 농가 인구의 51%(2019년 기준)가 여성이다. 왜 농촌 여성들의 이야기는 없을까. 이들은 어떤 이야기를 가지고 있을까. 우리가 농촌을 꼭 찾아야 했던 이유다.

"정확히는 몰라. 아홉 살 때부텅가." 언제부터 농사일을 했냐는 질문에 춘자 씨가 답했다. 1950~1960년대, 아이는 곧 투입되어야 하는 노동력이었다. 많은 여성이 국민학교를 다닐 나이부터 농사일과 함께 가사를 시작했다. 비도시권으로 갈수록 더 그랬다. 2020년 인구총조사에 따르면 읍면에 거주하는 1950년생 여성의 각각 46.1%, 54.0%가 초졸인 반면 동에 거주하는 여성은 34.9%만 초졸이다. 같은 해에 태어났다 해도 사는 곳에 따라 20% 포인트나 차이가 난다.

그래도 인터뷰이들은 유년기를 '좋은 시절'로 기억했다. 결혼 후 여성들은 보다 본격적인 노동의 세계로 진입하기 때문이다. '대가족 시집살이'라는 세계 안에서 여성들의 노동은 취침 시간을 제외하곤 멈추지 않았지만 이들이 낼 수 있는 목소리는 누구보다 작았다. 유교적 전통 사회에서 결혼을 통해 남편의 가정에 편입된 젊은 여성은 가계에서 가장 낮은 지위에 놓인다.

시가에서 가사노동은 모두 이들의 몫이었다. 광월 씨는 시가가 대가족이었던 탓에 하루에 열 번이나 밥상을 차렸다. 아기를 낳고는 아기 기저귀도 빨고 소변을 잘 가누지 못하는 시할아버지의 속옷도 빨았다. 밭일, 농사일도 안 할 수 없어 "아기들을 나무 밑에 두고" 과수원 일을 했다. 외출이라고는 생각도 못 하고 살았다.

지금과 달리 인프라도 좋지 않던 시절이었다. 농촌 지역에 사는 많은 60~70대 여성들은 2000년대까지도 우물물로 가사 일을 한 경험을 갖고 있다. 도시와 농촌의 인프라 격차가 줄어든 것은 오래되지 않았다. 가사노동 강도에 큰 영향을 미치는 상수도의 경우 농촌 지역(면 단위) 보급률은 2000년에도 27.9%에 그쳤고, 2009년에야 50%를 넘겼다.

인프라 공백은 여성들의 노동으로 채워졌다. "우물에서 물을 퍼다가 가마솥에 채워놔야 하루 종일 물을 쓰거든. 그거 퍼다가 채워놓고 나무 해서 불을 때고. 세탁기가 어딨대요. 집 앞에 도랑이 있는데 거기 물 나오는 곳을 파서 빨래했죠." 광월 씨의 기억이다. 그러다 보니 부부가 같이 농사일을 해도 여성이 더 바빴다.

농촌 상황은 지금도 크게 다르지 않다. 농업농민정책연구소가 2020년 6~8월 여성 농민 2000명을 대상으로 한 설문조사에서 농사일을 함께 마치고 집에 돌아와 가사노동은 누가 하냐는 질문에 응답자의 69.2%가 '본인만 한다'고 답했다. '남편이나 가족구성원들과 나누어 한다'는 응답은 25.1%로 나타났다. 반면 서울시 '2019 성인지 통계'를 보면 가사노동을 부인이 전적으로 책임진다는 응답은 25.7%로 나타났고 나누어 한다는 응답은 총 71.1%로 나타났다. 농촌의 세 배에 달하는 수치다.

이렇게 농촌 여성들은 퇴근 없이 일했지만 손에 쥐는 건 없었다. 개인이 임금을 받는 도시 노동과 달리 농촌은 가구 중심으로 돌아가기 때문이다. 집과 논밭은 모두 남편이나 시부모 혹은 시가 친척의 재산이다. 이미 오랜 시간을 거쳐 만들어진 경제공동체에 여성 개인이 '며느리'라는 이름으로 들어가는 구조다. 돈을 벌 곳도 마땅찮았다. 농촌에는 품삯일 말고는 여성 일자리가 전무하다시피 하다.

그러다 보니 농가의 대표는 늘 남성이었고 지금도 남성이다. 하지만 여성 농민 수는 2000년대부터 남성 농민을 앞질렀다. 농촌에서 여성은 남성보다 더 많은 일을 하지만 권리나 혜택에서는 소외돼 있는 것이다. 정부는 2016년 남성 농민의 배우자를 공동경영주로 등록할 수 있게 한 '공동경영주 제도'를 도입했지만 '이름뿐'이라는 지적을 받고 있다. 농어업경영체법의 근거가 되는 법률 조항들에는 공동경영주의 지위를 인정하는 조항이 없어 실제 정책에서는 소외돼 있기 때문이다. 농민 수당도 마찬가지다. 농가당 1명에게만 농민 수당이 지급되는 탓에 여성 농민 대부분은 수당을 받지 못하고 있다.

'N잡러'라는 단어는 이들이 겪었던 어려움을 다 담지 못한다. 농촌 여성들이 공통적으로 겪는 또 다른 어려움은 고립이다. 집성촌이 대부분인 농촌에서는 사실상 온 마을이 시댁이다. 퇴근 없이 일하지만 보상은 없고, 정서적으로 의지할 곳조차 없는 것이다. 심지어 고립은 때때로 고립으로 끝나지 않는다. 정성숙 작가는 "고립된 상황은 가정 폭력이 보란 듯이 일어날 수 있는 이유"라고 짚었다. 여자들은 각자 다른 곳에서 시집을 오는 반면, 남자들은 온 동네가 자기네 친척이니 걸릴 게 없다는 것이다.

첫아이를 낳고 얼마 뒤, 춘자 씨는 떠나기로 결심했다. "참말로 어떻게 할 수가 없"이 모든 게 힘들어서였다. "그만 살고자" 하는 마음으로 대문 밖으로 무작정 걸었다. 달이 밝은 밤이었다. 아무도 없는 곳으로 가리라 마음먹었지만 아이가 우는 것만 같고 따라오는 것만 같아 결국 발길을 돌렸다. 광월 씨도 40년 넘게 시집살이를 하며 집을 나선

적이 있다. 큰아이를 들쳐 업고 두 시간을 걸어 주문진 읍내까지 나왔다. 문제는 그다음이었다. "아니, 이게 무슨 돈이 있어야지. 돈이 있어야 버스를 탈 거 아니래요." 그는 바닷가에 앉아 종일 바다만 바라보다 도로 두 시간을 걸어 시가로 돌아갔다. 그때부터 '힘들다'는 생각을 지워버렸다. 일에만 집중했다. 정성숙 작가는 "욕구를 실현할 조건이 안 되니 그냥 포기해버린 것이다. 가부장 공동체에서 자기 의지나 욕구가 있는 여성은 살아남기 힘들다"라고 말하기도 했다.

이들이 자신의 노동에 대가를 받기 시작한 건 오랜 시간이 지나서였다. 광월 씨가 쉰이 다 되었을 때, 시아버지의 경제권이 남편에게로 넘어왔다. 시부모에게 돈을 '타서' 썼던 광월 씨는 처음으로 자신 명의의 통장을 만들었다. 임금을 받으려면 본인 명의 통장이 있어야 하는 도시와는 달리 농촌에는 통장조차 없는 여성이 많았다.

돈은 이들을 움직이게 하는 동력이 됐다. 통장을 만든 후 광월 씨는 일을 해서 돈을 벌고 모으는 데 집중했다. 힘들거나 속상한 일이 있을 때마다 과수원으로 밭으로 나갔다. 일에 집중하면 힘든 일이 잊히는 것 같았다. 일한 만큼 수익이 나오는 것도 위로가 됐다. 그는 여러 궁리 끝에 지금은 1년 내내 수입이 들어올 수 있도록 자신만의 '시스템'

을 만들었다. 광월 씨는 말한다 "농사도 사업가 정신이 있어야 해."

노동에 대한 대가는 돈이 아닌 것으로도 온다. 누군가 자신의 노동을 알아봐줄 때, 노동의 덕을 보는 사람들이 감사함을 전해올 때, 스스로 보람과 성취감을 느낄 때, 노동으로 자신이 더 나은 사람이 되는 것 같은 기분을 느낄 때… 계화 씨는 매일 오전 7시 10분 집을 나선다. 얼마나 할 수 있을까 했던 일을 36년째 하고 있다. 그는 스스로 "여자로서는 팔자가 세다"고 표현하면서도 여전히 스스로를 건사하고 있는 것이 자랑스럽다.

춘자 씨는 지난 가을, 김장을 400kg이나 했다. 알맞게 나눠진 김치가 동생들과 아들 셋의 집으로 보내졌다. 김치만이 아니다. 쌀, 고춧가루, 깨, 팥, 참기름, 간장, 된장…. 아홉 살 춘자 씨가 산으로 들로 다니며 풀을 뜯어 동생들에게 밥을 해먹였던 것처럼 일흔넷의 춘자 씨는 여전히 부지런히 몸을 움직여 많은 사람을 먹인다.

누구도 춘자 씨의 노동에 제대로 된 대우를 해주지 않았지만 그는 여성 농민이자 가사노동자, 그리고 아픈 남편까지 돌본 요양보호사나. 직업이 세 개라는 말에 춘자 씨가 "내가? 와따 진작 가르쳐주지"라며 무릎을 탁 쳤나. 순

자 씨가 말했다. “내가 직업이 세 개인 큰 월급쟁이구나. 그렇게 생각하고 살아야제. 어른(남편)한테 그래야제. 나 월급쟁이여!”

오늘도
생각하는

way to work
다섯 번째 출근길

insight

언니들의 장래희망

명함이란 무엇일까. 누군가에겐 쉽게 주어지는 것, 누군가에겐 동경의 대상, 하루에도 수천 장씩 뿌려지고 버려지는 것, '나 이런 사람이야' 하고 자리를 과시하는 것, 능력을 증명하는 것, 최소한의 안전장치, 이만큼 열심히 살아왔다는 위로.

한 장의 명함엔 여러 정보가 담겨 있지만 그 사람의 진짜 이야기는 보여줄 수 없을지도 모른다. 그래도 우리는 평생 일한 여성들에게 명함을 찾아주고 싶었다. 누군가의 그림자가 아니라 삶의 주체이자 진짜 일꾼으로 살아온 그들의 가치를 기록하고 싶었다.

젠더기획 〈우리가 명함이 없지 일을 안 했냐〉 마지막은 '오늘도 출근하는 언니들'의 이야기를 담았다. 출근은 반드시 공간의 이동을 의미하진 않는다. 앞선 이야기들에서 우리는 집이 일터가 되는 노동, 수익만을 기준으로는 설명할 수 없었던 노동을 만날 수 있었다. 우리 사회에서 일은 '외부로부터 경제적 대가를 받는 것'이나 '명함을 가진 것'으로 정의돼왔다. 그러나 게으른 시선이 그들을 어떻게 정의하건 말건 이미 오래전부터 스스로의 일을 정의하고 찾아온 사람들이 있다. 마지막 이야기의 주인공들이다.

명함을 만들 수도 있지만 작은 네모 안에 자신의 가능성이 갇힐까 봐 명함 따위 만들지 않는 사람, 경제적 대가보다는 자신의 일로 타인과 나눌 수 있는 가치를 더 중요하게 생각하는 사람, 일하는 과정에서의 기쁨과 설렘을 더 소중히 기억하는 사람, 삶이 굽이칠 때마다 넘어지는 대신 툭툭 털고 일어나 새로운 것을 배우고 꿈꾸며 어제와는 다른 나를 만들어낸 사람, 나뿐만 아니라 동료들의 안전과 권리도 생각하는 사람.

무엇보다 여전히 '장래희망'을 품고 있는 사람. '커리어 노마드(다양한 직업의 세계를 오가는 것)'를 지향하는 청년들이나 품고 있을 것 같은 이 젊은 마음을 우리는 '큰언니들'에게서 볼 수 있었다.

일은 우리에게 무엇일까. 우리는 평생 몇 가지의 일을 거치게 될까. 지금 이 일을 하고 있는 이유는 무엇일까. 우리가 만난 여성들에게도 비슷한 질문을 던졌다. 일의 의미와 이유는 각각 달랐지만, 한가지는 같았다.

오늘의 일이 언니들의 마지막 일은 아닐 거라는 것. 내일의 일을 꿈꾸는 언니들의 이야기를 시작한다.

NAME LEE ANNA BIRTH 1958 STORYTELLER

LEE ANNA LEE ANNA LEE ANNA

NAME LEE ANNA BIRTH 1958 STORYTELLER

"내가 정말
잘할 수 있는
일이라는
확신이
들었어요."

MAKER CARE WORKER BARISTA VOLUNTEER

안녕하세요.

이야기 할머니 이안나입니다.

안나 씨의 노동은 사랑이 되었다

이안나 씨(64)는 봄을 기다리고 있다. 오미크론 변이 바이러스 확산으로 당장 내일 일정을 알 수 없지만, 어린이집이 무사히 개원해 아이들을 다시 만날 수 있기를 기도하고 있다. 안나 씨는 3년차 '이야기 할머니'다. 올해는 어린이집 한 곳과 유치원 두 곳에서 활동할 계획이다.

안나 씨는 문화체육관광부 사업으로 한국국학진흥원이 뽑는 '아름다운 이야기 할머니' 선발 공고에 응모해 이야기 할머니로 뽑혔다. 전국에서 천 명을 뽑는 공고에 6900명이 지원할 만큼 경쟁률이 치열했다. 서류 전형부터 실기 시험(동화구연), 면접 전형까지 통과했다. 안나 씨는 "딱딱해 보이는 면접위원들이 앉아 있던 면접은 망쳤다고 생각했지만, 3분 분량의 동화를 구연한 실기 시험은 완벽하게 해냈다"며 활짝 웃었다. 실기 시험 때 구연한 동화는 '책을 만 번이나 읽은 아이, 김득신'. 안나 씨는 "동화를 처음부터 끝까지 외우느라 머리에 쥐가 나는 것 같았지만 내가 정말 잘할 수 있는 일이라는 확신이 들었다"고 했다.

서울 신촌에서 4남 2녀 중 막내로 태어난 안나 씨는 사랑을 듬뿍 받고 자랐다. 또래의 친구들이 딸이라고 차별받을 때, 안나 씨의 부모님은 달랐다. 아버지가 퇴근할 때 전병(과자)을 한 봉지 사오면 절반은 안나 씨의 것이었고 나머지를 오빠와 언니들이 나눠 먹었다. "막내 사랑이 지극하셨다"고 안나 씨는 기억했다. 성차별은 결혼을 하고서야 경험했다. 시댁은 아들과 딸에 대한 구별이 확실했다. 결혼 후 6년 만에 첫아이를 가진 안나 씨는 마음고생을 많이 했다. 귀한 딸 둘을 낳았다. 둘째 며느리라 딸만 낳았다는 타박은 피해갔다. 성실한 남편과 두 딸을 행복하게 키웠다.

안나 씨의 40대는 봉사로 채워졌다. 성당 노인대학 등에서 20여 년을 활동했다. "힘들다는 생각은 못 하고 그냥 빠져 있었던 것 같아요." 노인들을 보면서 안나 씨는 자신의 노후도 생각했다. 노인들은 서운한 것이 많았다. 안나 씨는 누구도 소외감을 느끼지 않게 하려 애썼다. "내가 즐거워서 하는데 저분들은 고맙다고 하시네. 그런 마음이었어요."

돈을 버는 일은 아니었지만, 이웃과 함께하는 것은 안나 씨 인생의 중요한 '일'이었다. 부지런한 안나 씨는 요양보호사 자격증과 바리스타 자격증을 땄고, 지난해엔 중랑구에서 운영한 복지대학(사회복지학) 과정도 수료했다. 이 모든 것이 안나 씨에겐 소중한 '명함'이다.

이야기 할머니는 안나 씨에게도 새로운 도전이었다. 수업 준비가 쉽지 않았지만 매주 정해진 시간에 출근할 곳이 있다는 사실에 "살아 있는 느낌이 든다"고 했다.

"아이들을 보니까 다들 특성이 다르더라고요. 한 아이는 조금 경계에 있는 친구였어요. 혼자 딴짓을 하고 조금 불안해 보였어요. 그 아이로 인해서 반 분위기가 흐려지고… 선생님들도 조금 어려워했던 것 같아요. 제 느낌에 그 아이는 스킨십을 많이 해줘야 하는 아이라는 생각이 들었어요. 코로나 때문에 접촉에 한계가 있어서 제가 아이콘택트(눈맞춤)를 열심히 했어요." 아이는 조금씩 안나 씨에게 다가왔다. "방학이 끝나고 두 달 만엔가 만났는데, 아이가 경청을 너무 잘하는 거예요. 어떤 한 행동을 보고 '너는 싹이 틀렸어' 그럴 게 아닌 거죠. 아이들은 정말 금방 달라질 수 있다는 걸 저도 배웠어요."

안나 씨의 노동은 사랑이 되었다.

says

내가 즐거워서 하는데 저분들은 고맙다고 하시네. 그런 마음이었어요.

NAME KIM TAE SOON BIRTH 1953 CULTURE

KIM TAE SOON

NAME KIM TAE SOON BIRTH 1953 CULTURE

"엄마는 늘 뭔가 배우고 바쁘게 움직이는 사람이에요."

안녕하세요.

관광해설사
김태순입니다.

태순 씨는
새로운 70대를 준비하고 있다

김태순 씨(69)는 수원 화성의 행궁해설사다. 관광객들을 안내하며 화성 행궁의 역사, 문화적 가치 등을 설명한다. 한국인 관광객도 안내하지만, 전문 담당은 일본인 관광객이다. 태순 씨는 일본어로 한국 문화를 설명하고 통역한다.

태순 씨는 40대 중반이 넘어 방송통신대학교에 입학해 일본학을 공부하고, 일본어 1급(JLPT 일본어 능력 시험)도 통과했다. 누구도 시키지 않았고, 해야만 하는 것도 아니었지만 어떤 학생들보다 열심히 공부했다. 악착같이 한 공부가 태순 씨에게 새로운 길을 열어주었다.

태순 씨가 태어나기 두 달 전, 군인이었던 아버지가 지뢰 사고로 순직했다. 아버지에게 노래 잘하는 재능을 물려받은 태순 씨는 음악 대학에 가고 싶었지만 갈 수 없었다. 큰오빠가 하던 사업에 문제가 생기면서 집 안 곳곳에 빨간 딱지가 붙었다. 태순 씨는 작은 회사의 노무과에서 일했다. 산업 재해, 생리 휴가라는 말이 낯설었던 그때에도 태순 씨는 근로기준법을 꼼꼼하게 익혔다. 열심히 일했다. 낮에는 일하고 저녁에는 종로의 학원에 가서 인테리어와 그래픽디자인을 배웠다. 그러나 법에는 없는 퇴직 사유가 생겼다. 결혼과 동시에 회사는 그만둬야 했다.

신혼 초부터 시부모님을 모시고 살았다. 아들과 딸을 키우며 전업주부로 살았지만 태순 씨는 답답했다. 남편은 "여자가 밖에 돌아다니면 안 된다"고 생각하는 사람이었다. 통제가 심했다. 그러나 아이를 키우고 살림하는 틈틈이 배우고 도전하는 것을 멈추지 않았다. 홈패션을 배우고 경기 이천시 어머니 합창단에서 활동했다. 이천문화원에서 자원봉사를 하며 도자기비엔날레 등에서 일했다.

수원으로 이사를 온 뒤엔 수원시 자원봉사센터에 찾아갔다. 3년 동안 자원봉사를 하고 문화해설사가 된 뒤, 일본어로 시험을 응시해 월드컵이 열린 2002년부터 행궁해설사로 활동하고 있다. 1년에 한 번씩 태순 씨는 현장 답사를 한 뒤 보고서를 쓰고 시험을 본다. 태순 씨는 "동료들과 호흡을 맞춰서 일하는 것도 재밌고, 내가 가진 지식을 관광객들에게 전달하는 것이 굉장히 보람된다"고 말했다. 태순 씨에겐 근사한 해설사 명함이 있다. 환갑이 되면서 남편과는 '졸혼'을 선택했다.

태순 씨는 "생각해보면 가만히 놀기만 한 때는 한 번도 없었던 것 같다"고 말했다. 자식들도 "엄마는 늘 뭔가 배우고 바쁘게 움직이는 사람"으로 기억한다. 요즘도 해설사 일을 위해 끊임없이 역사 공부를 한다.

지금 하고 있는 일이 좋지만 태순 씨는 새로운 70대를 준비하고 있다. 따로 정년이 있는 직업은 아니지만, "현장에 갔을 때 관광객들이 나이 드신 분이 나오면 부담스러워하고 별로 좋아하지 않기" 때문이다. "후배 해설사들을 위해 오래 한 사람들이 자리를 비켜줘야 한다"는 생각도 있다.

태순 씨는 요즘 그림을 그린다. 사진을 찍고 마음에 담긴 풍경들을 자유롭게 그리고 있다. 태순 씨의 열정과 새로운 꿈이 태순 씨를 어떤 문으로 이끌지는 누구도 아직은 모른다.

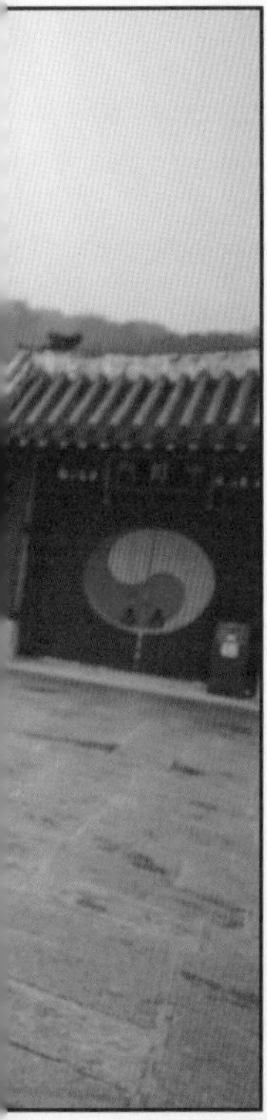

says

생각해보면
가만히 놀기만 한 때는
한 번도 없었던 것 같아요.

NAME LEE SUNOK BIRTH 1967 EDUCATOR MAN

LEE SUN OK

NAME LEE SUNOK BIRTH 1967 EDUCATOR MAN

"내가
하고 싶은 일이
과연 이것만일까
싶거든요.
명함에만
머무르게 될까
봐서요."

안녕하세요.

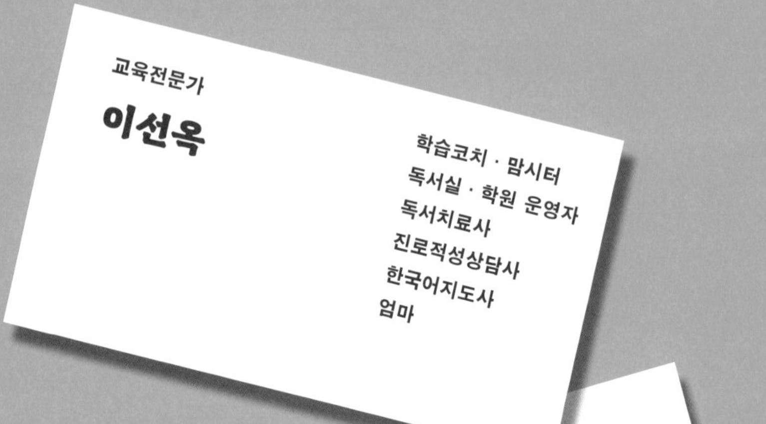

교육전문가
이선옥입니다.

나는 내가 명함이에요, 내 자신이

이선옥 씨(55)는 2019년 3월의 어느 날을 기억한다. 찬 바람이 불던 봄이었다. '맘시터' 출근 첫날. 대형 고층 아파트 1층 현관에서 문이 열리길 기다리며 선옥 씨는 벽을 붙잡고 울었다. "이게 나의 새로운 인생이구나. 앞으로 계속 남의 집 문을 두드리며 가야 할 텐데… 얼마나 많은 문을 두드려야 할까." 복잡했던 마음은 막상 아이를 만나자 사라졌다. 침착하게 여섯 살 아이, 아이의 엄마와 대화하며 상담을 시작했다. '학습코치 이선옥'의 인생이 시작된 순간이었다. 이후 약 2년 동안 선옥 씨는 맘시터로서 11명을 돌봤다. 논술 학원의 프리랜서 강사가 됐고, 이주민 가정 아이들과 학습에 어려움을 겪는 학생들을 가르치는 일도 하고 있다.

선옥 씨는 2018년 말, 남편과 헤어졌다. 남편은 도박 등으로 큰 빚을 진 뒤 잠적했다. 위자료 소송을 했지만 이미 모든 재산이 시아버지 명의로 넘어간 뒤라 소용없었다. 법적으로 결별하기까지 수년이 걸렸다. 선옥 씨는 결혼 이후 늘 경제적으로 무능력했던 남편을 대신해 독서실과 보습 학원 등을 운영했다. 선옥 씨가 명함 한 장 없이 '내조'라는 이름으로 일하는 사이 남편은 독서실연합회, 학원연합회 등 여러 단체에서 직함을 맡아 명함이 두둑한 사람이 됐다. 그러나 이혼과 함께 선옥 씨가 일궈온 많은 것들은 한순간에 사라졌다. 선옥 씨는 빈손이 됐지만, 딸은 “엄마가 ‘탈혼’했다”고 표현했다.

선옥 씨를 만난 곳은 성신여자대학교였다. 우리가 다른 여성들을 만난 곳은 집이나 일터 등 그들이 현재 많은 시간을 보내는 곳이었다. 새 출발을 결정한 선옥 씨와는 ‘시작’을 주제로 이야기를 나누고 싶었다.

85학번 법학과 차석 입학생. 우리는 19세 선옥 씨의 이야기부터 시작하기로 했다. 선옥 씨는 졸업 후 처음 학교에 왔다고 했다. 세월만큼 학교는 변해 있었다. 중문에서 만나기로 했는데 선옥 씨가 학교에 다닐 땐 중문이 없었다. 교정엔 솜털 같은 눈발이 흩날렸다. 검은색 백팩을 맨 선옥 씨는 손을 호호 불며 캠퍼스를 걷기 시작했다.

(이선옥은 가명이다. 그는 본명 대신 어머니의 이름을 이 글에 남기고 싶다고 했다.)

학교가 많이 변했나요.

네. 옛날하곤 많이 달라진 것 같아요. 저기 저 건물도 없었는데… 새로 생겼나 봐요.

법대로 가볼까요.

아, 여기. 여기쯤일 것 같아요.

그때도 법학관 이름이 '성신관'이었나요.

아뇨(웃음).

저 위쪽으로 한번 가볼까요.

제가 1학년 때 기숙사에 살았거든요. 저기가 아마 기숙사 있던 곳이 맞는 것 같고… (언덕을 오르며) 저희끼리 그랬거든요. (오르막 내리막길이 많아서) 4년 지나면 허벅지가 다…(웃음).

오랜만에 학교에 오니까 어떠세요.

좋아요. 낯설기도 하지만 참 좋네요.

졸업하고 왜 한 번도 안 오셨어요.

그러게요. 사는 게 바빠서. 뭐가 그렇게 바빴을까요.

대학생 이선옥은 어떤 학생이었나요.

제가 입학했을 때 한동안 별명이 수녀였거든요(웃음). 정말 모범생이었어요. 그땐 학교가 시끌시끌했어요. 시위나 그런 것들로 수업을 다들 많이 빠졌어요. 저는 한 번도 결석이란 걸 해본 적 없는 학생이었어요. 부모님이 학교 가라고 서울로 보낸 건데… 라고 생각해서 강의실에 앉아 있었죠. 그런데 수업을 안 한다는 거예요. 처음에는 뭘 해야 할지 몰라서 그냥 돌아왔어요. 대학이라는 곳이 꼭 수업을 안 받아도 되는 곳이구나. 그럼 뭘 해야 하지. 생각했던 것 같아요. 사실은 좀 호기심이 생겼던 거죠. 운동장에서 다른 친구들이 뭘 하더라고요. 운동장을 돌아보고 벽보도 읽어봤어요. 왜 저럴까. 나는 뭘 모르고 살았던 것일까. 그런 게 궁금해지더라고요. 강연도 들으러 가고. 시위가 있는 곳마다 찾아다니면서 이렇게 봤어요.

스스로 이해할 수 있는 시간이 필요하셨던 거군요.

그랬던 것 같아요. 그렇게 5월이 지나고 여름 정도 됐을 때는 시위에 참여하기 시작했어요. 처음엔 뒤에 있었는데 나중엔 제가 앞쪽에 있더라고요. 어느 날은 그룹에 속해 토론을 하고 어떤 날은 저거 한번 해볼까 제안을 하기도 하고요. 그런 것들을 하는 시간이 행복했어요. 근데 2학년이 되고 여름 방학 때쯤 되니까 성적표가 나오더라고요. 저는 공부와 운동 둘 다 할 수 없는 사람이라는 생각이 들었어요.

졸업 후 취직하지 않고 고향(울산)으로 가셨다고 들었어요.

사실 면접을 보러 다니긴 했어요. 근데 큰 열정이 안 생겼어요. (학생 운동을 할 때도) 총학(생회)에서 어떤 직을 맡으라고 하면 안 했거든요. 그러니까 제가 어떤 활동을 했는지 증명이 안 되더라고요. 애들한테 웃으면서 그러거든요. 역사적 사진 잘 뒤져보면 저 구석에 엄마가 보일 텐데. 다 제 선택이었지만…. 요즘처럼 스마트폰으로 확인할 수 있거나 증빙 자료가 있는 것도 아니잖아요. 그래서 저는 제가 가르치는 학생들이 "선생님 저 반장할까요?" 물어보면 "당연히 해야지"라고 말해줘요.

법학을 전공하셨는데 사법 시험을 볼 생각은 안 하셨나요.

(잠시 침묵) 그 당시엔 제가 정의나 이런 것들에 대해 조금 회의가 생겼던 것 같기도 해요. 사법 시험을 보고 법조인이 되고 그런 게 과연 의미가 있을까. 부모님 눈에도 그런 게 보였던 것 같아요. "졸업하면 내려와서 엄마 아빠 옆에 있어라" 하셨어요. 고향에 가서 선보고 스물네 살에 결혼했어요. 친구들이 다들 놀랐죠. 제일 안 할 것 같은 애가 제일 빨리 한다고.

결혼 후에는 전업주부로 지내셨나요.

결혼하고 시댁에 들어가서 열 식구가 함께 살았어요. 큰집에서 시부모님, 시숙, 동서, 조카 두 명 등등…. 모든 경제권을 시아버지가 갖고 있고 시어머니가 장 본 영수증을 시아버지에게 드리면 결제해주고 그런 식이었어요. 저는 그냥 살림하고. 따로 돈이 필요하다는 생각도 못했어요. 시아버지가 철 바뀌면 옷 사주시고. 처음에는 그냥 이렇게 살아야 하나 보다. 이 집은 공동체 생활이구나….

너무 답답하셨을 것 같은데요.

제가 '일을 해야겠다. 공부를 해야겠다'고 생각하게 된 계기가 있었어요. 스물다섯 살에 첫애를 낳고 보행기를 사려고 했는데 남편이 우리 애한테 보행기 하나를 못 사주는 거예요. 시아버지가 허락을 안 해주시니까요. 그때 너무나 무력감을 느꼈어요. 제가 아버님께 독대를 요청해서 보행기를 사고 싶다고 얘기했더니 난리가 났어요. 소리를 지르시고. 너는 그렇게 돈이 많냐. 네 마음대로 할 거면 나가라고.

다른 가족분들은 어떤 입장이셨던 건가요.

그 집에는 시아버지 말에 대꾸하는 사람이 없었더라고요. 제가 처음이었대요. 하루는 제가 집에서 책을 읽다가, 수돗물 틀어놓은 걸 깜빡한 적이 있었어요. 시아버지가 고함을 지르면서 "여자가 살림이나 하지. 무슨 책을 본다고 물이나 낭비하고. 뭐 하는 거냐"고 하시더라고요. 많이 놀랐죠. 저희 집은 3남 1녀인데, 제가 책을 보면 부모님이 좋아하셨거든요. "여자라고 공부를 안 하면 안 돼. 더 많이 배워야 돼"라고 하셨는데…. 그때부터는 숨어서 책을 보게 되더라고요.

시아버지가 성차별이 심한 분이셨군요.

우리 큰애가 딸인데 돌잔치를 하려니까 딸 낳고 무슨 돌상이냐고 하시더라고요. 그냥 하시는 말씀이겠지… 했는데, 진짜로 준비한 돌상을 엎어버리셨어요.

뭐라고 말씀을 드려야 할지 모르겠습니다. 견디기 많이 괴로우셨을 것 같아요.

참자. 내가 우겨서 시끄러워진다면 참자. 그렇게 생각했어요. 보행기는 다행히 선물로 들어왔고. 딸이랑 아들이 연년생인데 유모차는 한 번도 못 태우고 키웠어요. 한번은 너무 속상해서 애를 업고 나갔는데 갈 데가 없어서 옥상에서 열 바퀴를 돌다가 그냥 내려왔어요. 제가 20년 넘게 부모님께 큰 사랑을 받고 자랐기 때문에 앞으로 20년은 그 사랑을 다 베풀고 살자 생각했어요. 친정 간다고 말하고 애들 데리고 나와서 무료나 저렴하게 볼 수 있는 문화 공연, 전시회를 열심히 다녔어요. 애들한테는 다 해주고 싶었어요.

일은 어떻게 시작하셨어요.

남편이 결혼 이후 거의 직업이 없었어요. 아마 시아버지가 결혼하면 독서실을 차려주겠다고 하고 선을 보게 해서 결혼시켰던 것 같아요. 남편이 독서실 사장인데 실제 운영은 제가 하게 된 거죠. 저는 처음에 독서실이 뭔지도 잘 몰랐는데, 학생들 보니까 너무 좋았어요. 공부하는 것도 봐주고 애들이랑 얘기도 하고요. 제가 서울에서 지낸 생활 얘기를 해주니까 아이들도 꿈이 생기고, 집에 가선 공부 열심히 해서 서울 간다고 하니까 엄마들도 좋아했어요. 애들이 눈빛이 반짝반짝해서 꿈이 생기는 게 너무 보기 좋았어요.

독서실 운영 수익은 어떻게 관리하셨어요.

수익은 다 시아버지한테로 갔어요. 저는 일 자체가 재밌어서 그런 건 잘 몰랐어요. (월급을 전혀 안 받으셨어요?) 네.

독서실 운영은 남편분과 함께하신 건가요.

그 사람은 저한테 맡겨놓고 대외활동을 많이 하고 싶어 했던 것 같아요. 독서실끼리 모인 연합회라든가. 어떤 자리를 맡는 걸 좋아했어요. 그러다 애들도 커가는데 독서실을 하지 말고 학원을 하자고 하더라고요. 나중에 보니까 독서실보다는 학원을 밖에서 좀더 높게 봐줬나 봐요. 그래서 집 근처에서 보습 학원을 하게 됐어요.

시아버지가 반대는 안 하셨나요.

학원 일을 하다가도 부르면 자습 시켜놓고 집안일 하러 가고 그랬어요. 제가 하는 일을 직업으로 보진 않으셨던 것 같아요. 남편을 내조하거나, 그냥 자리에 앉아 있는 거다 정도로 생각하셨죠.

학원 운영도 실제로는 선옥 씨가 다 하셨나요.

네. 강사들 수업 연결해주는 것도 했고 제가 직접 수업을 하기도 했고요. 신랑은 애들 픽업해서 학원 앞에 내려주는 것. 딱 그것만 했던 것 같아요.

남편분은 그냥 명함만 필요하셨던 건가요.

명함으로 얘기하면 저희는 딱 갈리는 거죠. 저는 명함만 없이 일은 많이 했고. 그 사람은 정말 명함이 많았어요. 많이 찍고 다녔어요. 무슨 무슨 산악회, 연합회 회장 등…. 저희 애들이 잘 커줬는데 둘째(아들) 같은 경우엔 특목고를 갔거든요. 근데 특목고 간 게 또 신랑의 명함이 되더라고요.

학원 운영하시면서도 개인적으로 전혀 수입이 없으셨나요.

네. 근데 저는 제가 좋아하는 일을 하고 이 행복이 유지된다면 굳이 대가를 바랄 필요가 있을까 생각했어요. 그런데 (사정이) 어려워지니까 나트너라고요.

학원 사정이 나빠졌나요.

IMF 외환위기가 오고 힘들어지니까 지출이 많아진 거예요. 그때부터 갑자기 운영을 저보고 알아서 하라고 하더라고요. 처음에는 신났는데 상황이 심각했어요. 학원에 뭘 좀 접목하든지, 내가 뭘 배워야겠다 싶어서 남는 시간마다 공부하고 자격증을 따기 시작했어요.

어떤 공부를 하셨어요.

독서 관련 수업을 해야겠다 싶어서 독서치료, 독서심리 공부를 했어요. 사실 독서치료는 제가 너무 필요해서 시작했어요. 시아버지가 한 달에 한 번씩 용돈을 주셨는데 그걸 모아서 문화센터에 몰래 수업을 들으러 갔어요. 수업이 끝날 때쯤 선생님이 저한테 자격증을 따서 수업을 한 번 해보라고 권해주더라고요. 그래서 자격증을 따고 선생님을 따라서 수업을 다니고… 수업을 이어받아서 제가 강의를 하게 됐어요.

학원 운영은 그만두신 건가요.

네. IMF 외환위기 이후 계속 끌고 가기가 어렵더라고요. 제가 못 하겠다고 했더니 남편도 안 한다고 했어요. 저는 우리 애들 필요한 거 알아서 벌겠다고 했어요. 아들이 백수니까 시아버지도 더 이상은 뭐라고 못 하셨어요. 돈 벌어야 해서 수업 간다고 했죠. 애들 중학교 들어간 뒤에는 분가도 했어요.

선옥 씨가 틈틈이 공부해 얻은 자격증은 독서치료사, 독서지도사, 한국어지도사, 진로적성상담사, 영재지도사, 학습관리사, 스토리텔링지도사 등 20여 가지다.

강사 활동도 쉽지 않은 일인데 어떠셨어요.

저는 너무 재밌고 좋았어요. 문화센터의 전국 지점마다 수업이 생기면 갔어요. 그러다 포항대학교 평생교육원에도 출강하게 됐어요. 5년 넘게 했어요. 다른 곳까지 해서 대학교 출강이 세 곳 정도 잡혔어요. 한번 수업한 곳에서는 계속 저를 써줬어요.

와… 명강사셨군요. 정말 보람 있으셨을 것 같아요.

그럼요. 너무너무 좋았죠. 벌이가 적든 많든 평생 행복한 일을 할 수 있을 거라는 생각이 들었어요. 평생교육원 강의를 나갈 때쯤엔 나도 명함이 생길 수 있겠다는 생각도 했어요.

남편분과는 어떻게 헤어지게 되셨어요.

일단 다른 여자가 생긴 걸 알게 됐어요. 처음에는 아니라고 하다가 나중에는 인정했어요. 미안하다고 할 줄 알았는데…. 저를 포기하지 못하는 이유가 이혼하면 자기 부모는 누가 모시냐는 거예요(웃음). 그래도 정리할 줄 알았는데 나중에 재산을 다 압류당한 걸 알게 됐어요. 도박 빚도 있었던 것 같고. 조카 명의로도 재산을 압류하고 난리가 났어요. 신랑이 잠적해버렸는데 그 여자분 통해서 경찰에 연락이 오더라고요. 왜 쑤시고 다니느냐고…. 그때 완전히 이혼을 결정하게 됐죠.

결혼 생활 이후 실질적으로 일은 다 했으면서도 노동의 대가를 못 받으셨는데 재산 분할은 어떻게 하셨어요.

못 했어요(웃음). 재산을 지키기 위해서 시아버지가 직접 뛰어든 거예요. 며느리에게 재산이 한 푼이라도 갈까 봐. 아들 명의의 재산을 다 자신의 것처럼 꾸몄더라고요. 저는 처음부터 그럴 거라고 예상해서 그냥 이혼 도장만 찍을 수 있으면 좋겠다고 생각했어요. 근데 변호사님이 아주 정의로운 분이셔서 억울하다고 본인이 반드시 싸워서 이기겠다고 하셨는데, 나중에는 저런 사람 처음 봤다고 하시더라고요. 결국 한 푼도 못 받았어요. 법이 그렇더라고요.

억울하진 않으셨어요.

저희 시대에선 여자가 남편과 보조를 맞춰서 발걸음을 걷다 보면 행복해지는 것으로 생각을 했잖아요. 저는 저 나름대로 열심히 살았지만, 어느 순간 저 혼자 가야 될 길이 생기더라고요. 만일 제가 명함이 있었다면 조금 더 빨랐을

까 생각도 들었지만 저는 크게 불만은 없어요.

평생 일했는데 명함이 없다는 사실이 새삼 서운하게 다가오셨나요.

만약에 '엄마'라는 명함이 존재한다면 저는 아주 크게 찍어 다닐 수 있을 것 같아요. 그런데 그런 명함은 원치 않더라고요. 엄마, 누구나 다 하는 거 아니야? 하죠. 엄마마다 다 각기 개성이 있는데….

이혼 이후엔 어떻게 지내셨어요.

서울로 와서 딸이 사는 작은 방에 둘이 누워 있었는데 어느 날 딸이 그러더라고요. '이제 여기서 살아야 되는데 이렇게 계속 방에만 있을 거냐. 나만 보고 살지 마라. 나 퇴근하는 것만 기다리고 있지 마라.' 순간 좀 정신이 들더라고요. 그래서 나 그럴 생각 없다. 뭐라도 해보긴 할게. 그러고 자리에서 일어났어요.

울산에 살던 선옥 씨는 이혼 후 딸과 아들이 있는 서울로 올라왔다. 엄마의 능력을 잘 아는 딸의 따끔한 한마디에 선옥 씨는 자리를 털고 일어나 구직사이트에 신청서를 올렸다. 50대 여성이 할 수 있는 일자리는 제한적이었다. 맘시터 업무도 처음에는 등·하원(교)을 시켜주거나 간식 챙겨주기 등 돌봄에 초점이 맞춰진 일이었다.

따님이 엄마를 잘 아는군요(웃음). 낯선 곳에서 어떻게 일을 시작하셨어요.

일자리 센터마다 자기소개서를 등록해놨어요. 딸이랑 같이 열심히 찾아서 올려놨더니 연락이 오더라고요.

맘시터로도 일하셨다고 들었어요.

네. 영유아부터 초등학생까지 아이 돌봄이 필요한 엄마들이 찾는 서비스인데 사실 저하고 잘 맞지는 않았어요. 제가 운전을 못하는데 등·하원을 시켜주거나 간식 등을 챙겨주길 바라는 분들이 많더라고요. 엄마들이 바쁠 때 잠깐씩 봐주는 거죠. 제가 잘할 수 있는 것은 학습, 독서를 도와주는 것이거든요. 안 되겠다 싶어서 내가 잘하는 걸 엄마들이 찾게 하자 생각했어요. 초등학생 학습은 자신 있게 봐줄 수 있다, 독서가 필요한 친구도 잘 봐줄 수 있다 등등. 엄마들이 겪을 어려움을 제가 잘 도와줄 수 있다고 자세하게 써서 올렸어요.

선옥 씨는 독서치료사, 진로적성상담사, 한국어지도사 등 20여개 자격증과 대학 평생교육원 강사 등 꾸준히 쌓아온 여러 경력을 활용해 '초등학생 학습코치'로 자신을 소개한 글을 쓰고, 필요한 이들에게 연락을 달라고 했다.

와… 역제안을 하신 거군요. 나는 이런 사람이니까 필요한 사람들 오세요.

그런 셈이죠. 근데 맘시터를 처음 나갈 땐 많이 떨렸어요. 요즘 아파트들은 1층 현관에서부터 들어가는 방법이 어렵더라고요. 문을 열어주지 않으면 들어갈 수 없고 기다리는 그 과정을 경험하면서 사실 제가 벽을 잡고 울었어요. 이렇게 남의 집을 두드리면서 가야 하는데 과연 앞으로 몇 집을 두드리며 가야 될까…. 그 전까지의 것들은 없고 제로 위에 서 있어야 한다는 기분이 참 묘하더라고요. 올라갈 수 있을지도 의문이고 불안감… 그런 기분들이 들이닥치니까 제가 굉장히 작아진 느낌이었어요. 그래서 왈칵 눈물이 쏟아졌어요. 봄이었는데 아직 찬 바람이 있을 때였어요.

첫 수업은 어떠셨어요.

면접이었는데요. 참 이상한 건 집에 들어가서 아이를 보는 순간 그런 기분이 사라졌어요. 여섯 살 아이였는데요. 시간 조건이 맞지 않아서 연결이 되진 않았지만 아이 어머니와는 얘기가 잘됐어요. 그렇게 한 집 두 집 다니다 보니까 원래 그렇게 다녔던 사람처럼 살 다니게 되더라고요. 그런 제 자신이 조금 신기하기도 했어요.

지금도 맘시터 일을 하고 계시죠.

네. 지금까지 열한 명 정도 맡았던 것 같아요. 지금 맡고 있는 학생은 두 명인데 한 친구는 여섯 살 때 시작해서 지금 초등학교 1학년이고, 또 한 친구는 이제 4학년 돼요. 책 읽고 숙제 봐주고 같이 공부 계획 세우고 그렇게 해요.

이주민 가정 아이들 공부를 지도하는 일도 하셨죠.

영등포구 교육복지센터에서 이주민 가정 아동들이나 학습에 어려움을 겪는 학생들을 가르칠 수 있는 코칭 선생님을 모집했어요. 제가 올린 이력서를 보고 연락이 와서 하게 됐어요. 사실 맘시터보다 그 일을 먼저 했어요. 학교나 센터로 가서 수업했는데 제가 학생들 만나는 것을 좋아하니까요. 그 일은 사실 돈을 떠나서 제가 진짜 좋아하는 일이에요.

논술 학원 강사 일은 어떻게 시작하게 되셨어요.

제가 구직사이트에 올린 자기소개서에 '나는 사실 나이가 많다. 그런데 나이가 많은 것을 한 번도 짐이라고 생각해본 적 없다. 경험치만큼 내 능력이 커졌다고 생각한다'고 썼거든요. 학원 원장 선생님이 궁금하다고 한번 만나보고 싶다고 하시더라고요. 초등학생부터 고등학생까지 있는 학원인데 사실 3개월쯤 하고 저랑 안 맞는 것 같아서 조금 생각을 해보겠다고 하고 쉬었어요. 저는 공부를 스스로 할 수 있게끔 도와줘야 한다고 생각해서 서안네 교육을 받고 나면 학원도 다닐 필요가 없게 만들어주는데, 학원에선 질색하시더라고요(웃음). 그렇게 수업하면 안 된다고요. 대부분의 엄마들도 학원에서 다 알아서 해주기를 원하시더라고요. 글쓰기도 좀 더 창의적이었으면 했는데 모범 답안 같은 것, 규범화된 것을 원하더라고요. 아마 원장 선생님도 저 때문에 힘드셨을 것 같았어요. 그래서 조금 쉬었는데 이러다 이 기회까지 놓쳐버리겠다는 생각이 들어서 몇 달 있다가 다시 연락을 드렸어요. 돌아가도 되겠냐고요. 원장 선생님이 아주 흔쾌히 바로 오실 수 있냐고 해서 갔죠.

학원에서 그렇게 붙잡은 걸 보면 처음 맡으셨을 때 수업을 정말 잘하셨나 봐요.

보통 첫 수업 때 엄마들이 와서 참관하거든요. 아무래도 제가 경력이 있다 보니까 좀 능숙해 보였나 봐요.

서울의 논술 학원은 굉장히 경쟁이 치열한 곳이잖아요. 유명한 강사들도 스트레스를 많이 받는 것으로 알려져 있는데 긴장되거나 걱정되진 않으셨나요.

저희 아이들이 저에게 붙여준 별명이 '이죽자 여사'예요. '이 죽일 놈의 자신감'이라고…(웃음). 새로운 것을 하는 걸 무서워하거나 두려워하진 않아요. 모르면 배우면 되겠지. 그런 스타일이에요.

이죽자 여사님도 자녀분들도 정말 멋있네요. 지금 가르치는 학생들은 몇 학년인가요.

초등학교 고학년. 중학교 2학년을 맡고 있어요. 주로 논술 지도를 하는데 수업 자료를 선생님들이 컴퓨터로 다 알아서 만들어야 하거든요. 처음에는 어려웠는데 새로 배워서 만드는 게 너무 재밌는 거예요. 저한테 기술이 또 생긴 거잖아요. (점점 더 강해지시는군요.) 처음에는 자료 하나 만들 때 2주 정도 걸렸는데 이젠 이틀이면 뚝딱 하나 만들어요(웃음).

이죽자 강사님만의 비법이 있나요.

학생들에게 공부해야 하는 이유에 대해서 얘기를 많이 해줘요. 문제 풀이를 할 때도 그냥 문답이 아니라 질문을 어떻게 읽어야 할지, 말하기는 어떤 의미인지 스스로 생각하게 해주려고 노력해요. 논술 학원을 다녔는데 자기소개서를 쓰기 위해 또 학원을 찾아오는 건 뭔가 잘못된 거라고 생각해요. 스스로 할 수 있도록 그런 힘을 길러주려고 해요. 물론 어느 정도 타협하는 부분은 있지만 기본적인 제 생각은 그래요. 저는 프리랜서 강사라 학생 수에 따라 학원과 강사료를 나눠 갖기 때문에 수입이 들쑥날쑥해요. 요즘은 코로나 때문에 수업이 적은 편이기도 하고요. 그래도 그런 저의 원칙을 지켜나가고 싶어요.

명함은 왜 안 만드셨어요.

학부모 상담을 하거나 출강을 갔을 때 "혹시 명함 없으세요"라는 질문을 받기도 해요. 명함이 없는 사람에 대해서는 신뢰도가 떨어지는 느낌이 들더라고요. 학원에서도 명함을 만들어주겠다는 얘기를 듣기도 했는데 일단은 제가 유보한 상황이에요.

이유가 있으세요.

음… 저는 명함이 책임이라고 생각해요. 내가 이걸 온전히 다 해낼 수 있다는 자신이 있어야 한다고 생각해요. 내가 명함을 찍게 된다면 최고가 되어야 하는데 과연 전문가라고 할 수 있을까 싶은 거죠.

명함이 그렇게 무거운 것이군요.

명함을 한 번도 가져본 적 없는 사람의 입장에선 명함을 가진 사람들을 봤을 때 그런 느낌이 들었던 것 같아요. 다른 이유도 있는데요. 내가 하고 싶은 일이 과연 이것만일까 싶거든요. 여기(명함)에만 머무르게 될까 봐서요. 성인들 대상으로 한글 수업을 한 적이 있었어요. 70대 여성분이 오셨는데 한글을 배우는 이유가 배워서 주위 다른 사람들에게 알려주고 싶다는 거였어요. 그분의 그 말씀을 잊을 수가 없어요.

<우리가 명함이 없지 일을 안 했냐>라는 제목으로 저희가 생각했던 것보다 훨씬 더 깊은 고민을 하고 계신 것 같아요.

딸이 저에게 '엄마 인생 시즌 2'라고 하는데요. 저는 '시즌 2'라기보다는 이제야 제 인생이 온전해진 것 같아요. 누구도 아닌 나를 위한 수업이 이뤄지고 있는 것 같아서요. 누구를 기쁘게 하려거나 잘 보이려고 하는 일이 아니라 온전히 내가 너무 좋아서 하는 일을 하고 있는 거죠. 나이에 갇히고 싶지도 않아요. 이제 오십대 중반이 넘어가는데 갑자기 육십이 됐다고 내가 지금 하고 있는 일을 못할까. 더 잘할 수 있지 않을까. 저는 그런 생각이 들거든요. 그러니까 (명함이) 필요하면서도 필요하지 않다고 했던 게 저는 제가 명함이에요. 제 자신이….

손녀딸의 돌상을 엎어버릴 정도로 남존여비가 심한 분위기에서 자랐지만, 반듯하게 자란 선옥 씨의 딸과 아들은 선옥 씨를 이렇게 부른다. 이죽자 여사. '이 죽일 놈의 자신감'의 줄임말이다. 이죽자 여사는 설레는 마음으로 60대를 준비하고 있다.

says

나이에 갇히고 싶지도 않아요.
갑자기 육십이 됐다고
내가 지금 하고 있는
일을 못할까.
저는 제가 명함이에요.
제 자신이.

KIM EUN SOOK

KIM EUN SOOK

KIM EUN SOO

김은숙 씨는 노동조합을 만드는 데 앞장선 조합원이며, 다른 이들의 파업에 편지를 보내는 연대자이자, 사람들이 '김지은'을 욕하면 마음이 불편한 페미니스트며, 일하는 게 좋아 월요일이 기다려진다는 노동자다.

“그냥 부지런히 하는 게 노하우여.”

안녕하세요.

베테랑 미화원

김은숙입니다.

랩과 월요일을 좋아하는 은숙 씨

“김은숙 여사님, 나오세요.” 면접장에서 김은숙 씨(65)의 이름이 불렸다. 은숙 씨는 ‘벌벌 떨리던’ 몸을 겨우 진정시키며 자리에서 일어나 발걸음을 뗐다. “원무 과장, 무슨 과장, 무슨 과장 죽 앉아 있는데 아휴, 무슨 말을 해야 하는지 눈앞이 캄캄한 거야. 그런데 막상 앞에 서니까 마음이 아주 담대해지더라고.”

“여사님은 정규직이 되면 어떻게 일을 하시겠어요?” 과장 중 한 명이 물었다. 은숙 씨는 답했다. “저는요. 몸이 조금 부자연스럽고 이래요. 하지만 여기서 십몇 년을 꾸준히 일해왔어요. 정규직이 되면 성심성의껏 깨끗하게 하겠습니다.” 막상 입을 떼니 말이 술술 나왔다. 2021년 1월, 은숙 씨는 정규직이 됐다. 일한 지 15년 만이었다.

면접을 앞두고 눈앞이 캄캄해지고 몸이 벌벌 떨렸다는 은숙 씨. 이는 그가 가진 다양한 모습 중 일부일 뿐이다. 그는 노동조합을 만드는 데 앞장선 조합원이며, 다른 이들의 파업에 편지를 보내는 연대자이사, 사람들이 ‘김지은’을 욕하면 마음이 불편한 페미니스트며, 일하는 게 좋아 월요일이 기다려진다는 노동자다.

은숙 씨는 아들이 길에 쓰레기를 버리면 이렇게 묻는다고 했다. "아들, 너 엄마가 뭐 하는 사람이지?" 새해 첫날, 은숙 씨를 만났다. 병원 코로나19 응급실에서 일하던 은숙 씨는 혹시나 하는 마음에 근무 구역이 바뀔 때까지 인터뷰를 미뤄왔다.

안녕하세요. 드디어 뵙네요.

(인터뷰를) 일찍 못 해서 미안해요. 제가 코로나 응급실 청소를 했거든요. 자가격리하다가 열나는 사람들이 응급실로 치료를 받으러 와요. 왔다 가면 다음 날 우리가 가서 청소를 해요. 환자를 대면하지는 않지만 균이 있다고 하니까 (인터뷰하기가) 좀 그랬어요.

무슨 일을 하세요.

저는 여기 앞에 병원에서 청소하고 있어요.

하루 일과는 어떻게 되세요.

새벽 3시에 일 나갔다가 6시에 집에 와서 밥 먹고 조금 쉬다가 다시 8시에 출근해요. 그러고 오후 3시에 퇴근이에요. (새벽 3시에는 왜 나가세요?) 나 편하려고. 아침에는 환자들이 왔다갔다하니까 청소하기가 힘들거든요. 그래서 일찍 가요. 내가 맡은 구역에 쓰레기통 비우고 파쇄된 서류들 이렇게 치우고요. 과장님들 방 치우고 의자 닦고 껌 떼고.

병원 청소를 하다 보면 위험하기도 할 것 같아요.

제가 하는 일은 로비랑 원무과, 내과, 주사실 이런 데만 하니까 위험한 거 없어요. 조심할 것은 주삿바늘에 찔리는 거. (위험한 것 같은데요.) 저도 몇 번은 찔렸거든요. 그래서 6개월 동안 관리를 했어요. 주사 맞고 약 먹고. 잘못하면 에이즈 이런 것도 걸리고 그런다 그러데요. 처음에는 겁이 나서 발발 떨리고 했는데 10년 넘게, 한 16년 되니까 이골이 났어.

처음에는 무서우셨군요.

네. 무서웠어요. 주사 한번 찔리고 나면 후유증이 오래가잖아요. 살짝 찔려도 막 피가 나니까 응급 처치하고, 감염 관리받고 복잡해요. 피 빼서 검사받고 그래요. 처음에는 놀랐는데 몇 번 되니까 괜찮아요. (여러 번 찔리셨나봐요.) 두 번인가? 세 번 찔렸나 봐요. 그러고는 괜찮아.

일이 고되지는 않으세요.

다른 건 괜찮은데 화장실에 토해놓고 대변을 아무 데나 묻혀놓으면 힘들죠. 똥을 로비에 눈 사람도 있었어요. 똥 치울 때 나는 그래요. '아유 이거 돈이다, 돈이다.' 그렇게라도 생각해야 일을 할 수 있는 거예요.

일할 때 특히 신경쓰는 부분은 어떤 거예요.

깨끗하게 하는 것. 이날 이때까지 16년 동안 한 번도 지적받은 적이 없어요. 갑자기 화장실 변기가 막혔다거나 이런 지적은 받아봤지만 제가 청소하는 구역에 대해서는 지적을 받은 적이 없어요.

16년 동안요? 대단하세요. 노하우가 있으세요.

그냥 부지런히 하는 게 노하우여.

은숙 씨는 얼마 전에 무릎 수술을 받았다. 진작 했어야 하는 수술인데 비정규직이라 못 했다. 비정규직 직원들에게는 휴가가 보장되지 않았다. 걱정하는 자녀들에게 은숙 씨는 "퇴직하고 나면 수술하겠다"고 말하곤 했다. 하지만 무릎이 버티지 못했다. 은숙 씨는 일을 하다 쓰러지고 말았다.

불행 중 다행은 정규직이 되고 나서 쓰러졌다는 점이다. 은숙 씨는 휴가를 내고 수술을 받았다. 보장된 휴가를 쓰는데도 혹시나 일자리를 잃을까 봐 내내 걱정했다고 했다. 2주를 쉬고 다시 출근했다. 남편이 몸이 불편한 은숙 씨를 도왔다. 오전 3시, 부부는 같이 집을 나섰다.

계속 비정규직이다가 작년에 정규직이 되셨죠.

우리가 14~15년 정도 비정규직이었죠. 1년마다 사장이 바뀌고 그랬어요. 비정규직이면 받을 수 있는 것도 못 받고 참 억울한 일이 많거든요. 휴가도 없고 공짜 일을 하고…. 병원이 이 핑계 저 핑계 대다가 더는 안 되겠는지 정규직 시켜준다고 하더라고요. 생전 처음으로 사원증도 받아봤네요.

사원증 받았을 때 어떠셨어요.

좋았어요. 일기에도 썼어요. 처음에는 며칠을 매달고 다녔죠. 건물 들어갈 때 찍고, 식당 가도 찍고. 아, 나도 여기 병원에 일원이 되었구나 그런 느낌을 가졌죠.

노동조합에서 정규직화를 계속 요구했다고 들었어요.

저랑 친한 언니가 지부장이에요. 그 언니가 맨날 쫓아다니면서 병원이랑 교섭을 했어요. 우리는 기자회견 하러 시청에 많이 갔어요. 다른 병원이 먼저 싸울 때는 연대도 하고. 서울대병원에 간 게 생각나요. 막 밥을 굶고 지회장이 머리를 빡빡 깎고…. 사람들이 밥도 굶어가며 이렇게 애를 쓰는데 내가 힘이 될 수 있었으면 하는 마음이 들죠.

노동조합 활동에 열심이시네요.

그럼요. 박근혜 퇴진시키려고 (집회) 가서 얼마나 손 들고 그랬는지 몰라. 그때 너무 좋았어요. (왜요?) 맨날 우물 안 개구리 식으로 살다가 그런 데 가서 함께할 수 있다는 거. 내가 이런 용기가 있구나, 나라는 사람이 이렇게 힘이 될 수 있구나, 그런 생각이 들어서 좋았어요. 그래서 내가 기를 쓰고 간 것 같아.

노동조합에는 어떻게 가입하시게 된 거예요.

6년 즈음 됐을 거예요. 같이 일하던 여사님이 다른 곳에서 일해요. 그 여사님이 어쩌고저쩌고하더니 노조 이야기를 하더라고요. 은숙 씨 우리가 노조를 하니까 너무 좋아, 한번 들어와. 그래서 내가 좋아하는 언니한테 그 말을 했어요. 언니, 아무개 여사님이 노조 활동하는데 그렇게 좋대. 우리도 (노조에) 한번 들어가보자. 그러니까 언니가 그럴까? 그래요.

노동조합을 설립하는 데 역할을 하신 거네요.
그래요? 그래서 언니한테 그 여사님 한번 만나봐, 이렇게 만남을 주선했죠. 그렇게 해서 노조를 만들어가지고 막 비정규직을 정규직 시켜달라고 싸웠지.

노동조합이 만들어지고 얼마 뒤 은숙 씨는 일기에 이렇게 썼다.
"늦게나마 노조에 들어가 월급을 제대로 받는가 싶더니 (병원 관계자들이) 온갖 행패를 다 부리고 하다못해 여사님들이 힘들게 모아둔 파지까지 가로채려 한다. 우리도 서로 단결하여 무엇이라도 해야 한다. 나쁜 놈들, 열심히 일해 먹고살겠다는 사람들을 짓밟다니…."

은숙 씨의 노동사는 50년 전으로 거슬러 올라간다. 첫 직장은 '서울 남의 집'이었다. 은숙 씨는 국민학교를 졸업할 나이가 되자 '남의 집에 살러' 갔다. "지금은 도우미라고 하지만 그때는 식모살이라고 했어요." 은숙 씨는 남의 집에서 1년 동안 살았다.

그렇게 번 돈은 집으로 부쳤다. 은숙 씨 기억으로 월급은 몇천 원이

었다. 은숙 씨가 덧붙였다. "그때는 10원도 엄청 큰돈이었어요. 1원으로 눈깔사탕 사 먹을 때니까요." 나이가 어렸던 은숙 씨는 1원짜리 눈깔사탕으로 당시 물가를 기억하고 있었다.

언제부터 일을 하셨어요.

열네 살인가? 국민학교 졸업할 나이에 남의 집을 살았어요. 서울에서 한강맨션 그쪽에 1년인가 있었어요. 친정이 어려웠거든요. 자식들은 좀 많아. 8남매에서 오빠는 죽었으니까 7남매였어요. (무섭지 않으셨어요.) 다들 잘해주고 그래서 무섭진 않았어요. 그때 어리고 했으니까 엄마 아버지가 보고 싶어서 그만뒀죠.

그리고 또 어떤 일을 하셨어요.

저기 부산도 한 번 갔어요. 야구 글러브 만드는 공장이었어요. 대충 열여섯인가 열일곱인가. 아는 아줌마가 이야기하길래, 새로운 데고 부산이라고 하니까 한번 가봤지. 거기서 2~3년 있었나? 공장 기숙사에서 살았어요. 집에서 너무 멀리 있으니까 외롭고 식구들이 보고 싶고 그래서 올라왔지 뭐. 울 때도 많았어요.

야구 글러브 공장에서 일은 몇 시간이나 하셨어요.

그때는 기준도 없고 시키는 대로 했죠. 뭐 하여간 아침에 출근해서 저녁 되면 오니까. 야간작업하면 늦게 오고 그렇죠.

결혼은 어떻게 하시게 된 거예요.

횡성 언니 집에 놀러갔는데 언니가 "온 김에 선보고 갈래?" 그래요. 본인을 만난 게 아니라 시아버지를 만났어요. 시아버지가 저를 보자마자 "오케이 오케이" 했다니까요. 시아버지가 동네에 가서 아들을 데리고 와서 아빠(남편)를 만났죠. 다방에서 만났는데, 아빠가 쫄아서 계속 물만 마시고 화장실만 왔다 갔다 하는 거예요. 계속 그러다가 몇 번 만났죠.

연애하셨어요.

아뇨. 몇 번 보고 그러고는 그냥 결혼했죠.

마음에 드셨나 봐요.

결혼하기 전에 서로 마음이 있어서 제가 아빠(남편)네 집을 쫓아갔어요. 어떻게 사는지 그것도 궁금하고. 그래서 이제 사랑채에서 아빠하고 몇 날 며칠을 있었죠. 집 앞에 산이 있었어요. 아빠가 지게를 지고 나무를 하러 가는데, 눈이 껌뻑껌뻑해. 지금도 선명해. 왜 이렇게 듬직해 보이는 거야. 눈이 커 가지고 황소 같더라고. 아유 그래 별거냐. 나도 보잘것없고. 그래서 결혼했지.

연애하신 거 같은데요. 남의 집에 며칠씩이나 가 있고.

그런가?(웃음)

결혼 후에도 일은 끊이지 않았다. 남편은 결혼하고 한 달 만에 사우디아라비아로 떠났다. 한창 한국의 건설 기업들이 중동에 진출할 때다. 남편이 없는 시가에서 은숙 씨는 시부모와 함께 살며 가사노동, 농사일을 했다. 그리고 몇 개월 뒤, 은숙 씨는 남편 없이 첫아이를 낳았다.

남편도 없이 혼자 아이를 낳으셨어요.

친정에서 애를 낳고 한 달 정도 있다가 시댁으로 돌아갔어요. 외롭고 힘들었죠. 하루 종일 해가 지기만을 기다렸어요. 그래야만 (시부모님) 눈치를 안 보고 방에 들어갈 수 있었거든요. 고생한 걸 이루 말할 수 없죠. 시댁이 다 그렇죠.

남편분이 사우디에서 돌아오신 이후에도 계속 일을 하셨죠.

그랬죠. 월급 받는 일은 아니었고 (인력) 사무실에 아침에 나가요. 식당 같은 데서 "사람 필요하니까 보내주세요" 하면 투입이 되는 거예요. 그걸 몇 년을 했어요. 그러다 인력소 통해서 법원 식당에서 일하게 됐어요. 거기서도 몇 년 했어요.

주로 식당에서 일하신 거네요.

네. 식당 일 하는 게 참 힘들어요. 골병들어요. 허리도 그때부터 아프기 시작했고. 법원 식당에서는 8시간 넘게 설거지만 했어요. 점심시간에는 설거짓거리가 물밀듯이 들어와요. 혼자 그걸 다 해야 하니까 너무 힘들었지. 설거지할 게 많아요. 밥 먹고 난 그릇만 씻는 게 아니라 야채도 다듬고 씻고.

은숙 씨의 취미는 일기 쓰기다. 10년 넘게 꾸준히 쓰고 있다. 은숙 씨 일기에는 '일의 기쁨과 슬픔'이 담겨 있다. 은숙 씨는 자녀들이 자신의 일기장을 훔쳐보는 걸 안다. 그래서 말로 다 하지 못한 이야기는 '내심 (자녀들이) 봤으면 하는 마음'을 가지고 쓴다고 했다. 최근에는 다니던 직장을 관두고 새로운 일을 시작한 첫째 딸에 대해 썼다. 일기장에 썼지만 실은 딸에게 보내는 러브레터다.

"어제는 보건 휴가라서 종일 집 안에 틀어박혀서 (…) 오늘 새벽 출근하니 살 것 같다. 일만 나가면 보는 얼굴들이지만 새삼 보고 싶다. 또 오늘은 어떤 일이 화제가 될까."

"통장으로 제 날짜가 딱 찍혀 나오는, 설레는 날이 바로 월급날이다. 뭐 쓸 건 없지만 이날이 좋다. 타고 나면 곧바로 다음 달 월급이 기다려진다."

"(코로나19) 병동에 청소를 갔다 오면 땀으로 샤워한 듯 옷이 푹 젖어 나오는 여사님들을 보면 난 좌불안석, 미안해하곤 했다. 늦게나마 응급실로 투입이 되니 한시름 놨다."

"늦게라도 꿈을 찾았으니 너의 꿈을 향해 쭉쭉 뻗어나가려무나. 아주 멋지게 펼쳐라. 다만 자만하지 말고 조심조심 또 조심하거라."

- 은숙 씨 일기 중에서

일기를 보니 일하는 게 정말 좋으신가 봐요.

좋죠. 내가 돈을 벌어서 우리 가족에게 쓰임이 되고, 내 마음대로 자식들하고 쓸 수 있고 그거죠. 지금 주말 이틀 쉬는 것도 너무 지루한데 일을 안 한다면 얼마나 무료하고 지루할까. 저는 월요일이 제일 좋아요(웃음).

언제부터 일하는 게 좋으셨어요.

병원 일은 처음부터 좋았어요. 월급이 나오니까요. 그 전에는 일당직이니까 좋은 걸 못 느꼈어요. 비정규직이어도 월급이 딱딱 나오니까 생활에 도움이 돼요. 일당은 하루 벌어서 하루 쓰니까 계획적으로 안 되죠. 애들이 '이거 필요해' 이러면 일단 받아온 걸로 땡쳐.

says

늦게라도 꿈을 찾았으니
너의 꿈을 향해
쭉쭉 뻗어나가려무나.
아주 멋지게 펼쳐라.
다만 자만하지 말고
조심조심 또 조심하거라.

은숙 씨는 혹시나 이번 인터뷰로 노동조합 활동에 피해가 갈까 봐
사진 촬영은 부담스럽다고 전해왔습니다

딸들이 일하는 것도 좋으시겠어요.

좋죠. 첫째가 서울 광화문에서 일했거든요. 여사님들하고 서울에 집회 갔을 때 거기를 지나가면 '우리 딸이 여기서 일해요' 그랬어요. 테레비서 뉴스 나올 때도 (딸이 일하는 건물이) 나오면 그게 얼마나 좋은지 몰라요. 자랑스럽고.

딸들이 일하는 환경은 이전에 비해서 어떻다고 보세요.

좋아졌다고 생각하죠. 그런데 일하다가 성희롱을 당했다는 이야기를 들으니까 가슴이 떨려. 저도 그런 걸 알기는 했지만 우리 딸들은 아니겠지 하는 안일한 생각이었죠. 그런 놈들은 가만히 두면 안 돼요. 거세를 해야 해. 너무 분개해요. 우리 여사님 중에 김지은 씨를 욕하는 사람도 있어요. 자기도 좋았으면서 그런다고. 그런 게 아닌데 안타깝죠. 앞으로 누가 그런 이야기를 하면 내가 말을 좀 하려고 해요.

정년까지 일하실 거죠.

해야죠. 일하는 게 좋고 이제 얼마 안 남았는데 끝날 때까지 해야지. 제가 '민증' 나이가 두 살이 어리거든요. 부모님께 감사해. 나이를 늦게 등록해놔서. (정년은 만 65세, 은숙 씨는 1957년생이지만 호적에는 1959년생으로 등록돼 있다.)

정년퇴직하고 나면 뭐하고 싶으세요.

제가 바다를 워낙 좋아하니까 바다 보러 다니고 싶어요. 지금도 노는 날 되면 아저씨랑 같이 바다 보러 가요.

취미 활동 하셔도 좋을 거 같은데요.

음악 듣는 게 취미라서 따로 시간을 안 내고 집에서 일할 때 듣고 그래요. 요즘은 랩에 꽂혀서 '쇼미더머니'만 봐요. 우리 애들은 아주 질색하는데 나는 흥이 나고 좋더라고요. (랩이 빠른데 알아들으세요?) 영어는 못 알아들어도 다른 건 웬만하면 다 들리더라고. 가끔 (래퍼들이) 욕을 하는데, 저런 거는 안 하면 좋겠다 하면서도 랩이 좋아.

명함 있다면 뭐라고 쓰고 싶으세요.

베테랑 미화원. 베테랑 청소 잘하는 여사님. 그거 좋겠다. 삼남매 훌륭하게 키운 전문가? 이런 것도 넣어줘요. 우리 애들이 '엄마, 아빠를 보고 자라서 내가 잘하고 살잖아' 그래서 마음이 뿌듯했어요. 고맙더라고.

인터뷰하니까 어떠셨어요.

속이 후련해요. 마음이 편하고 좋아.

says

내가 이런 용기가 있구나, 나라는 사람이 이렇게 힘이 될 수 있구나, 그런 생각이 들어서 좋았어요.

epilogue

그들은 모두 한 권의 책이었다

흔하디 흔한 이야기가 끝났다.

2021년 10월 남대문시장에서 손정애 씨를 처음 만났을 때 운이 좋다고 생각했다. 칼국수 한 그릇과 덤으로 주신 냉면을 맛있게 먹었을 뿐인데, 기쁘게 일하는 정애 씨의 자부심을 느낄 수 있었다. 국수를 다 먹고 조심스레 인터뷰를 청했다. 일주일 뒤 다시 만났을 때 꽃무늬 앞치마를 벗은 정애 씨가 진한 아메리카노를 좋아한다는 것을 알게 됐다.

미국의 작가이자 사회운동가 수전 손택은 인터뷰에서 이렇게 말했다. "나는 항상 상대의 잘못을 탓하기보다는 책임을 지는 쪽을 선호합니다. 나 자신을 희생자로 보는 게 정말 싫어요."

정애 씨가 그런 사람이었다. 평생 일했고 그 일을 즐기며 취향을 가진 사람. 인생의 불운을 불행이 되도록 내버려두지 않는 사람. 자신의 삶을 자신의 언어로 들려줄 수 있는 사람. 우리가 찾던 사람이었다. 틈날 때마다 정애 씨를 만나러 갔다. "나쁜 일이 파도처럼 밀려왔지만 도망가지 않았다"고 담담히 말하는 정애 씨를 만나고, 이 기획을 해볼 용기를 낼 수 있었다.

두 번째, 세 번째… 서른 명이 넘는 여성들을 만나고 난 뒤 깨달았다. 우리가 특별히 운이 좋았거나 이야기를 끌어내는 재주가 있었던 게 아니라, 그 시대 여성들은 누구나 대단한 이야기를 품고 있다는 것을. 그들은 모두 한 권의 책이었다.

우리가 만난 여성들은 자신의 고된 노동을 부끄러워하지 않았다. 일을 이야기할 때 즐거워했다. "나 별로 한 거 없는데", "나 특별한 사람 아닌데"라고 했던 이들이 인터뷰가 끝나고 난 뒤, "나 좀 멋있네", "생각해보니까 나 일 좀 했네"라고 웃을 때마다 우리는 이미 이 기획이 성공했다고 생각했다.

진짜 인터뷰는 인터뷰가 끝난 뒤 시작된 경우도 많았다. 녹음기를 끄고 난 뒤, 돌아가는 길에서 더 깊은 대화가 시작되기도 했다. 농촌 여성들을 만났을 땐 첫날보다 하룻밤을 같이 보낸 다음 날 이야기가 더 진해졌다. 어떤 이야기들은 우리의 부족함으로 놓쳤을 것이다.

인터뷰는 했지만 담지 못한 분들이 더 많다. 그분들은 마지막에 자신보다 가족을 생각했다. 자식들에게 해가 될까 봐. 자식들이 자신이 보낸 삶을 다 알게 되면 힘들어할까 봐. 며느리가 시아버지를 존경하지 않게 될까 봐 등등. 여러 이유로 자신의 삶이 기록되는 것을 포기했다. 혹시 이 글을 읽고 계신다면 우리가 그 마음을 잊지 않고 이 책 곳곳에 담았다고 말씀드리고 싶다.

누구나 삶의 관찰자, 기록자가 필요하다는 마음으로 이 기획을 시작했다. 평생 자신의 이름 대신 누군가의 엄마나 아내로 불린 여성들의 이름을 찾아주고 싶었다. 우리는 글에서 그들의 이름을 열심히 불렀다.

명함을 화두로 시작했지만 명함 따위 필요 없는, 인생 자체가 멋진 명함인 분들이 삶의 가치를 발견해가는 여정을 함께할 수 있어 행복했다. 낯선 이들에게 자신의 삶을 들려주고 시간과 마음을 내어주신 모든 분들께 진심으로 감사드린다.

여기 모인 글들은 2022년 1월 26일부터 3월 2일까지 경향신문을 통해 보도된 젠더기획 <우리가 명함이 없지 일을

안 했나>를 바탕으로 썼다. 보도 당시에는 담을 수 없는 내용을 추가해 기사보다 두 배 이상의 분량이 됐다.

언니들의 이야기를 멋진 책으로 만들어준 휴머니스트 출판사에 깊은 감사를 전하고 싶다. 특히 이가현 편집자는 이야기의 시작부터 마지막까지 함께하며 우리가 더 빛나는 기록을 이어갈 수 있도록 길을 열어줬다.

이 기획은 많은 분들의 사랑을 받았지만 부족한 부분도 있다. 여성들의 삶을 전하며 소위 '정상가족'이라 불리는 가족 구성원들의 이야기만 담았다. 비혼 여성, 자녀가 없는 여성, 이주민 여성, 성소수자, 장애인들은 만나지 못했다. 기회가 된다면 시대의 난폭함과 우리의 게으름이 비추지 못한 보다 다양한 삶을 기록하고 싶다.

흔하디 흔한 이야기가 끝났다.
우리는 아직 더 많은 이야기를 기다리고 있다.

by-line

첫 번째 출근길
잘 봐, 언니들 인생이다

나쁜 일이 파도처럼 밀려왔지만 도망가지 않았다

글 장은교, 사진 이준헌, 영상 최유진

insight 1954년 32만 명의 딸들이 태어났다

글 조형국 · 이수민

두 번째 출근길
우리가 일을 안 했다고?

희자 씨를 담기에 집사람은 너무 작은 이름
글 쓰는 사람, 인화정

글 장은교, 사진 이준헌, 영상 최유진

insight 어느 날 그들의 노동이 사라진다면

글 조형국 · 이수민

세 번째 출근길
남존여비에서 페미니즘까지

딸들에게 전하는 순자 씨의 진심

글 심윤지 · 장은교, 사진 이준헌

insight 달라진 것과 달라지지 않은 것

글 심윤지

insight 딸들은 엄마의 노동에서 여성의 노동을 읽어냈다

글 심윤지 · 이하늬, 사진 이준헌

네 번째 출근길
여기는 도시랑은 달라요

광월 씨가 10년째 부녀회장을 하는 이유

글 이하늬, 사진 이준헌

나는 못 배웠응께 어른이 아니여

글 이하늬, 사진 이준헌

나 태어나 이 광산에 광부가 되어

글 이하늬, 사진 이준헌, 영상 최유진

insight 30년을 더딘 농촌의 시간

글 이하늬 · 심윤지, 사진 이준헌

다섯 번째 출근길
오늘도 출근하는 언니들

insight 언니들의 장래희망

글 장은교

나는 내가 명함이에요, 내 자신이

글 장은교, 사진 이준헌

안나 씨의 노동은 사랑이 되었다

글 장은교, 사진 이준헌

태순 씨는 새로운 70대를 준비하고 있다

글 장은교, 사진 이준헌

탭과 월요일을 좋아하는 은숙 씨

글 이하늬

by-line

참고문헌

"나쁜 일이 파도처럼 밀려왔지만 도망가지 않았다"

- 장하진 외, 『근로 여성 50년사의 정리와 평가』, 노동부 토론회, 2001

1954년 32만 명의 딸들이 태어났다

- 『인구총조사』, 통계청, 1955
- 『인구주택총조사』, 통계청, 2020
- 『경제활동인구조사』, 통계청, 2021
- 황재하, "시기별 선호 이름…1940년대 영수 · 영자에서 2010년대 민준 · 서연", 연합뉴스, 2016년 5월 19일
- 『통계연구-한국의 출산력 변천』, 통계청, 2003
- 『한국통계연감』, 통계청, 1962
- 『교육통계연보』, 문교부, 1966
- 『교육통계연보』, 문교부, 1967
- 『교육통계연보』, 문교부, 1970
- 『한국통계연감』, 통계청, 1971
- 『인구주택총조사, 통계청, 1970
- 『직종별 임금조사결과 보고서』, 노동청, 1970
- 『한국의 사회동향』, 통계청, 2008
- 『김순영, 혼인이혼 패턴의 시간적 변화 추이와 요인 규명』, 통계청, 2018
- 『저출산의 경제학적 분석』, 한국경제학보. 2008
- 『인구동향조사』, 통계청, 1980
- 임정빈 외, 『1980년과 1990년 도시주부의 생활시간 비교』, 대한가정학회지, 1992
- 『임금구조 기본통계조사보고서』, 노동부, 1995
- 조순경, 『구조조정의 성별불균등 구조, 산업노동연구』, 1999('『김영옥, 여성노동시장의 변화, 젠더리뷰』, 2007'에서 재인용)
- 『경제활동인구총괄1997』, 통계청, 1998

달라진 것과 달라지지 않은 것

- 『인구 및 주택 센서스 보고』, 경제기획원, 1960, 1966, 1970, 1975('『근로 여성 50년사의 정리와 평가』, 한국노동연구원 · 한국여성개발원, 2001'에서 재인용)
- 신경아, 『산업화 이후 일-가족 문제의 담론적 지형과 변화』, 한국여성학, 2007
- 『교육통계연보』, 문교부, 1973
- 『교육통계연보』, 교육인적자원부, 2005
- 『경제활동인구조사』, 통계청, 1980
- 『경제활동인구조사』, 통계청, 2012
- 『직장 내 성차별적 괴롭힘 실태와 제도개선 연구』, 한국여성정책연구원, 2020
- 『20대 후반 여성 고용률의 역전과 고용정책 시사점』, 한국고용정보원, 2018
- 『생활시간조사』, 통계청, 2019
- 『임신, 출산, 육아휴직 차별 실태 조사』, 국가인권위원회, 2018
- 『인구 동태 코호트 DB』, 통계청, 2021
- 『임신 · 출산 · 육아휴직 차별 실태 조사』, 국가인권위원회, 2018

딸들은 엄마의 노동에서 여성의 노동을 읽어냈다

- 김은화, 『나는 엄마가 먹여 살렸는데』, 딸세포, 2019

나 태어나 이 광산에 광부가 되어

- 정연수 외, 『강원의 민속문화』, 국립민속박물관, 2002
- 안희정 외, 『강원도 탄광지역 여성의 노동과 삶』, 강원도여성가족연구원, 2019

30년은 더딘 농촌의 시간

- 정숙정, 『농촌여성노인의 생애과정에 나타난 교차적 억압과 노년기 자아의 긴장』, 한국사회학회, 2018
- "농촌지역 생활인프라 보급률", e-나라지표
- 정성숙, 『호미』, 삶창, 2021

Editor's letter

'멋짐'이 가득한 책입니다. 인생에 파도처럼 나쁜 일이 밀려와도 단단하게 세상을 살아온 큰언니들의 멋진 이야기를 읽다 보니, 내 일을 자세히 바라보게 되고, 일하는 나에게 자부심이 솟더라고요. 선배들이 전하는 굳센 삶의 태도와 응원, 꼭 느껴보시면 좋겠어요. **현**

인터뷰이분들의 이야기를 들으면서 우리 엄마와 할머니가 안 떠올랐다면 거짓말일 것 같아요. 엄마 제발 하고 싶은 거 해, 할머니처럼은 안 살 거야 생각했던 날이 제게도 있었습니다. (책에서는 이런 생각 또한 개인의 것이 아니라고 하더라고요.) 지금은 "살지 않겠다가 아니라 애초에 엄마처럼 사는 일이 엄두조차 나지 않았"다던 순자 씨의 딸 혜원 씨의 말처럼, 안 사는 게 아니라 못 살았을 것이라 생각합니다. 원고를 읽는 내내 인터뷰해주신 한 분 한 분의 명함을 제 마음으로 받은 기분입니다. 두 손으로 소중히 간직하겠습니다. **령**

우리가 명함이 없지 일을 안 했냐

1판 1쇄 발행일 2022년 12월 20일
1판 5쇄 발행일 2024년 4월 15일

지은이 경향신문 젠더기획팀
발행인 김학원
발행처 (주)휴머니스트출판그룹
출판등록 제313-2007-000007호(2007년 1월 5일)
주소 (03991) 서울시 마포구 동교로23길 76(연남동)
전화 02-335-4422 **팩스** 02-334-3427
저자 · 독자 서비스 humanist@humanistbooks.com
홈페이지 www.humanistbooks.com
시리즈 홈페이지 blog.naver.com/jabang2017
디자인 스튜디오 고민 **용지** 화인페이퍼 **인쇄** 삼조인쇄 **제본** 해피문화사

자기만의 방은 (주)휴머니스트출판그룹의 지식실용 브랜드입니다.

ISBN 979-11-6080-935-0 03300